90년생이
사무실에
들어오셨습니다

밀레니얼이 어려운 X세대를 위한 코칭 수업

김현정 지음

자음과모음

차례

프롤로그   저기, 김 사원 내일 나올 거지? ★ 8

Part 1

바깥에서 보는 요즘 애들

문자로 퇴사하는 밀레니얼 ★ 19

X와 Y 사이에 큰 강이 흐르다 ★ 23

밀레니얼 세대의 어제와 오늘 ★ 30

요즘 애들, 철없고 팔자 좋다? ★ 40

Part 2

다른 경험이 만든 생각의 차이

두 세대가 살아온 과정 ★ 51

출생 당시 국가 환경 • 가정 내 형제수 • 부모와의 관계 • 학교생활 • 취업 환경

완벽한 스펙 그러나 불안한 삶 ★ 71

자기 효능감 vs. 학습된 무기력 • 동료가 중요 vs. 리더가 중요 • 도전 vs. 회피 •
협력 vs. 내부 경쟁 • 젠더 갈등 • 숨겨진 공격성 • 높아진 사회의식

Part 3

밀레니얼과 웃으며 일하는 법

90년생이 일터에서 원하는 것 ★ 105

일의 의미와 동기부여 ★ 114

비전을 어떻게 만들까? ★ 122

일에서 가치 발견하기 ★ 138

동기부여 행동 전략 7 ★ 143

효과 없는 금전적 보상 • 개인 시간 • 즉각적 피드백과 작은 보상 •
의미 있는 사람 • 명확한 프로세스 • 교육의 기회 • 끊임없는 소통

에필로그 이미 다가온 밀레니얼과 함께 일하기 ★ 162

뜨거운 청춘에서 성숙한 어른으로 성장하고자 하는
모든 X세대에게 이 책을 바친다.

저기, 김 사원 내일 나올 거지?

올해 6월 KT에서 밀레니얼 전담팀을 신설했다. 팀장
과 팀원의 평균 연령이 만 29세로, 보통 부장급이 팀을
이끄는 KT에서는 그야말로 파격이 아닐 수 없다. 어디
KT뿐인가. 많은 기업에서 이미 밀레니얼 세대가 간부
로 승진하고 있다. 벤처기업이나 기술 중심의 회사에
서는 구성원 가운데 70% 정도가 밀레니얼로 채워지고
있다. 밀레니얼의 사회 진출이 본격화되면서 기업에서
는 그들과 어떻게 일해야 할지 모르겠다고 호소하는
이들이 많아졌다. 실제로 직장인 10명 중 6명이 '세대
차이' '세대 갈등'을 느낀다고 답한다.

세대 차이는 어제오늘의 이야기는 아니지만, 밀레

니얼의 등장으로 두드러진 여러 갈등은 일시적인 현상이 아니며 일상적으로 편재해 있음을 알아야 한다. 최근 국내 기업의 최대 관심사는 기업문화 혁신에 있다. 밀레니얼이 더 일을 잘할 수 있도록 이끄는 것이 기업의 경쟁력이기 때문이다. 변화는 우리 앞에 명백해졌고, 이 갈등을 더 깊이 이해하고 해결하지 않으면 조직은 더 이상 버틸 수 없는 처지에 놓였다. '차이'의 옳고 그름을 논하기보다 벌어진 상황과 변화의 흐름 속에서 다가올 위기에 대응하고 새로운 기회를 포착하려는 태도가 필요하다.

밀레니얼은 조직에서 갈등이 생기면 오래 견디지 않는다. 이들은 '집단 대 개인'의 갈등에서 스스럼없이 개인을 선택한다. 칼퇴근은 당연하며, 혼밥이 익숙하고, 집을 사주는—이제 조직생활은 집을 사주지 못한다—부모나 복지제도가 있으니 굳이 힘들게 버틸 이유가 없다. 직장생활에 어려움이 있으면 싸우지 않고 '그냥' 나가버린다. '공동체의 성장'보다 '개인의 성공'이 먼저이기 때문에 회사에서 자신의 성취와 보상이 기대와 다를 때면 길게 고민하지 않고 사표를 낸다.

많은 중간관리자들이 퇴근하는 밀레니얼을 바라보며 '저 친구, 내일 출근하겠지?'라며 자신도 모르게 걱정해본 경험이 있을 것이다.

이들 사이에 공무원 열풍이 사라지지 않는 이유는 모험이 부담스럽고, 자신이 한 일을 대체로 공정하게 평가받을 수 있고, 무엇보다 정년이 보장되기 때문이다. 이들은 어느 세대보다 불합리함을 참지 못한다. 대기업에 힘들게 취업을 해도 불합리하다고 생각되면 박차고 나온다. 신입사원 27%가 입사 첫해에 퇴사를 한다는 조사 결과도 이를 반증한다.

사회도 기업도 초고령화가 진행되는 우리나라에서 이들의 이탈을 그저 바라만 볼 수는 없다. 기업이 지속적으로 성장하기 위해서는 젊은 인력이 일할 수 있는 환경을 조성해야 한다. 인간은 20대를 지나면 창의력과 변화적응능력이 급격히 떨어진다. 구성원의 고령화가 급격히 진행된다는 것은 그만큼 그 기업이 급변하는 세상에서 살아남기 어려워진다는 말과 같다. 젊은 인력이 머무르지 않는 조직은 결국 금방 사라질 수밖에 없다. 삼성전자도 KT도 조직문화 쇄신을 위해 처절한 노력을 한다. 우물쭈물하다가는 상상하고 싶지 않은 상황을 맞을 수 있다.

밀레니얼을 이해하고 이들과 일하는 법을 모색하며 세대 차이를 성장 에너지로 바꾸는 것은 지금 조직을 리드하는 40, 50대에게는 절체절명의 과제와도 같다.

요즘 애들, 밀레니얼, 90년생이라 불리는 이들은 기성세대의 적이 아니다. 엄밀히 말하면 우리의 자녀이고, 뒤늦게 태어나서 동시대를 살아가는 동지다. 그러나 그들이 자라온 사회·문화·경제 환경은 분명 차이가 있다. 그렇다 보니 당연히 행동에 차이가 날 수밖에 없다. 동시대를 살더라도 같은 민족의 DNA를 가졌더라도 서로 다를 수밖에 없다. 개발도상국에서 태어나 어린 시절을 보낸 40대와 선진국 반열에 든 대한민국에서 태어나 성장한 20대의 일하는 방식이 어떻게 같을 수 있는가? 피하고 싶을 수도 있지만, 두 세대 간의 문화 차이를 적극적으로 이해하고 서로 존중하고 조금씩 맞춰나가야 하는 과제에 직면했다.

네덜란드 문화인류 심리학자 헤이르트 호프스테더(Geert Hofstede)는 '문화는 한 집단이나 범주의 사람들이 다른 집단이나 범주의 사람들과 구분되는 집합적 정신 프로그램'이라고 정의했다. 사람에게 고유한 성격이 있듯, 한 집단에도 특징적인 문화가 있다. 유전자와 환경에 따라 각기 다르게 성장한 개인이 성인이 되었을 때 다른 사람들과 자신을 구분하여 인식하듯, 문화도 그 배경을 이해해야 한다.

주로 지금의 40대를 일컫는 X세대와 20대 중반부터 30대 후반을 가리키는 밀레니얼, 즉 Y세대. 두 세대는 엄연히 다른 배경에서 성장했으므로 다른 문화 집단이라고 이해해야 한다. 이 두 세대의 화합에는 서로에 대한 이해가 반드시 선행되어야 한다. 그래야만 Y세대의 행동을 이해하고 존중할 수 있기 때문이다. 윗사람을 보고 고개 숙여 인사하지 않는 미국인에게 그렇게 하지 않는다고 화를 낼 필요는 없지 않은가. 당혹스러울 수 있겠지만, 서로 다르다는 관점에서 이해하면 해결의 실마리를 찾을 수 있을 것이다.

사실 한 문화권이 객관적으로 어떤 특성을 가지느냐를 이야기하는 것은 매우 어렵다. 관찰자의 주관이 개입되지 않고 무엇을 인식하는 일은 거의 불가능에 가

깎기 때문이다. 그래서 한 집단이 다른 집단과 어떻게 다른지에 대한 해석은 비교 포인트에 따라서 큰 차이가 있을 것이다.

이 글은 1960년대 후반에서 1970년대에 태어난 X세대가 바라보는 Y세대에 대한 이해와 이들에게 어떻게 동기부여를 할 것인가에 대한 모색을 담았다. 세계적으로 Y세대는 1980, 1981년부터 1996년 사이에 태어난 세대를 말한다. 하지만 많은 조직에서 보통 30대 중반 정도에서 세대가 나뉜다고 체감한다. 따라서 이제 마흔이 된 1980년생은 X세대에 조금 더 가깝고, 서른여섯 정도 된 사람은 Y세대에 가깝다고 가정하고 글을 전개하고자 한다.

〈X세대와 Y세대의 구분과 특징〉

구분	X세대	Y세대(밀레니얼)
출생 시기	1960년대 후반~1970년대	1980년~1990년대 중반
사회적 특징	물질적 풍요 속에 탄생한 자기중심주의	청년실업과 욜로(YOLO)◆ 컴퓨터 등 정보기술(IT)에 익숙
대형 사고	성수대교·삼풍백화점 붕괴	월드컵, 외환위기, 금융위기

필자는 X세대의 중간쯤 나이다. 논문을 쓰기 위해 문화연구방법론을 박사과정에서 4과목 수강하였다. 또 국내 대학의 경영학부에서 Y세대의 바로 이전 연령대인 1980년대 중반생부터 가르쳤다. 그리고 부모로서 1996년 이후에 태어난 Z세대**를 키우고 있다.

이 주제를 처음 접한 것은 2000년대 후반, 미국에서 박사과정에 있을 때였다. 2009년 『하버드비즈니스리뷰』에 '어떻게 베이비부머와 Y세대가 새로운 아젠다를 만들어가는가'라는 기사가 실리면서 Y세대에 대한 논의는 미국 등에서 큰 인기를 끌면서 진행되었다. 인시아드(INSEAD) 프랑스 캠퍼스에서 연구원 생활을 하던 당시, 프랑스에서도 대규모 경영 세미나의 주제로 등장할 정도로 관심이 쏠리는 이슈였다.

이때 배운 내용을 국내 현실에 적용하며 지난 7~8년간 코칭 강연을 거듭하며 꾸준히 계발하고 다듬어왔

◆ 'You Only Live Once'의 줄임말로 '인생은 오직 한 번뿐'이니 후회 없이 순간을 즐기며 자신이 원하는 대로 하겠다는 태도를 표현할 때 사용하나, 해외에서는 YOLO를 외치며 객기를 부리다 사고로 이어지는 일이 많아지면서 온라인 커뮤니티에서 YOLO를 조롱하기도 한다.

◆◆ 1990년대 중반에서 2000년대 초반에 걸쳐 태어난 사람들. 어릴 때부터 디지털 환경에서 자란 '디지털 원주민' 세대라는 특징이 있다.

다. 현장에서 만난 리더들이 세대 차이로 힘들어할 때 함께 머리를 맞대고 고민했고, 그것을 해결하기 위한 솔루션들을 시행해보았다.

Y세대를 이해하기 위해서는 우선 X세대 자신을 이해해야 한다. 그래야 어떤 점에서 Y세대와 다른지 발견하게 되고, 자신의 생각을 바꾸고, 적응하고, 해법을 찾을 수 있게 된다. 필자는 동기부여 전문가로, 사람들의 동기를 불러일으켜 스스로 변화하도록 돕는 것이 업이다. 그렇다 보니 이 책에는 기본적으로 'X세대를 위한 Y세대 이해법'과 '동기를 유발하는 법'을 중심으로 담았다. 또한 어떤 문화 연구든 그룹 내의 차이가 그룹 간의 차이보다 클 수 있으며, X세대 안에도 Y세대보다 더 Y세대 같은 특성을 가진 사람이 있고, 반대의 경우도 가능하다는 것을 전제한다. 또한 한 세대 안에서도 여러 가지 기준으로 살펴보면 다른 문화가 존재한다는 것을 알 수 있다. 그러하기에 세대 구분은 대략적인 이해를 위한 인위적인 기준임을 감안하며 자신이 처한 상황에 대입하다 보면 어느새 공존의 길을 모색할 수 있을 것이다.

바깥에서 보는
요즘 애들

문자로 퇴사하는 밀레니얼

한 금융기업 간부가 기가 막히다는 듯이 말했다.

"아니, 입사한 지 일주일 돼서는 퇴사하겠다고 문자 보내고 회사에 안 나오는 게 말이 되나요?"

초봉이 5000만 원을 넘고, 근무조건도 좋다. 게다가 핵심 부서다. 도대체 뭘 더 어떻게 해야 하나 기가 막히다며, 어렵게 뽑은 신입사원의 퇴사는 기존 구성원들의 사기마저 저하시키고 있다고 하소연을 이어갔다. 내가 대답했다.

"그들은 연인과 이별할 때도 문자로 해요."

그들 입장에서는 특별히 나쁜 의도를 가진 것이 아니다. 아르바이트 그만두듯이 문자 하나 보내면 다 정리된다고 생각한다. 한 취업 포털의 조사에 의하면, 2019년 전체 입사자 대비 조기 퇴사율이 30%에 육박한다고 한다. 고액 연봉을 받는 대기업이라고 예외는 아니다.

요즘 리더들에게 등장한 또 다른 골칫거리는 '블라인드'다. 직장인들의 익명 커뮤니티인 블라인드는 리더들에게 무시할 수 없는 암흑세계와 같은 존재다. 회사에서는 블라인드를 보며 조직관리를 하라고 하지만, 블라인드를 보고 제정신을 유지할 수 있는 강심장을 가진 리더는 거의 없을 것이다.

밀레니얼은 업무가 있으면 먼저 R&R(Role and Responsibilities)을 따진다. 리더들에게 자신이 수행해야 하는 역할 그리고 그에 따른 책임을 정해달라고 요구한다. 그런데 조직에서 무 자르듯 구분할 수 있는 일이 얼마나 될까. 게다가 그냥 분명히 해달라는 것이 아니라 공평하게 자신의 일을 정해달라는 요청은 얼마나 수용될 수 있을까.

리더들은 밀레니얼 세대가 이전 구성원과 구분되는 생활양식을 가졌다고 말한다. 예를 들면 이렇다.

— 틈나는 대로 여행을 즐긴다.

— 중형차나 수입차를 소유하는 등 자신을 위한 소
비에 아낌이 없다.

— 법이 정한 권리나 복지를 정확하게 챙긴다.

— 회사는 물론이고 주변 사람들에 대한 관심이 없다.

— 자신의 워라밸◆을 중요하게 여긴다.

— 결혼을 안 하는 경우가 많다.

— 자기 자신을 가장 중요하게 여긴다.

이러한 모습은 X세대에게 큰 이질감을 안겨준다.
자꾸 본인의 젊은 시절, 한참 일하던 시절과 비교를 한
다. 이것을 격세지감이라고 해야 할지 모르겠지만 뭔
가 잘못 돌아가는 것만 같다고 말한다. 5, 6년 전만 해
도 밀레니얼을 보며 "희한한 녀석이 들어왔네" 하고 말
았다. 그런데 어느 순간 그것이 한 개인의 문제가 아닌
것 같다. 이런 특성을 가진 사람들이 너무나 많다. 사
실 이것은 어떤 특이한 개인의 특성이 아니라, 세대적

◆ '일과 삶의 균형'을 뜻하는 'Work & Life Balance'의 줄임말로 1970년대 영국에
서 처음 등장했다. 노동시간을 줄이고 개인적 삶의 영역과의 균형을 맞추기 위한
움직임을 반영한다.

인 특성이다. 거의 모든 조직과 리더들이 겪고 있는 어리둥절한 문제라는 뜻이다.

우선 이 혼돈 속에서 우리가 할 수 있는 것은 크게 몇 가지로 말할 수 있다. 우선 도대체 어떤 일이 일어나고 있는지를 차근차근 이해해보는 것이다. 그리고 그것을 어떻게 해결할 수 있는지, 다른 사람들은 어떻게 하고 있는지를 알아보는 것이다. 그리고 과연 그것이 나에게 맞는지 실험해보는 것이다. 이해도 되고 새로운 행동 방식도 익혔다면, 그 시각과 행동을 조금씩 넓혀가며 내재화하는 것이다. 우선 X세대와 Y세대가 어떻게 다른지 알아보자.

X와 Y 사이에 큰 강이 흐르다

우선 Y세대를 이야기하기 앞서 X세대의 특성을 먼저 알아둘 필요가 있다. 사람들은 자신의 고유 경험을 중심으로 다른 사람을 이해하려 한다. 따라서 내가 어디에 있는지를 알아야 상대를 이해할 수 있게 된다.

X세대와 Y세대를 가르는 특성을 이해하는 데 가장 중요한 주제로 1990년대에 일어난 세계적인 변화를 짚어볼 필요가 있다.

이 시기는 아마 인류 역사상 또 하나의 빅뱅으로 기억될 것이다. 한 인류학자는 이때를 '폭발의 시기'라고까지 정의하였다. 그만큼 거대한 양적·질적 변화가 일어났는데 이 시기에 일어난 변화를 되짚어보자.

무너진 사회주의

_____ 1980년대 보급된 퍼스널컴퓨터는 1990년대를 맞으며 본격적으로 사용되었다. 1990년대 인류는 인터넷과 이메일을 사용하기 시작하면서, 전 세계가 실시간으로 소통하는 진정한 지구촌으로 거듭난다. 웬만한 정보는 클릭 몇 번에 그리고 이메일 몇 차례 주고받는 것으로 쉽게 얻을 수 있게 되었다. 그것도 실시간으로 말이다.

이 시기에 이념 갈등이 종식된다. 1922년 탄생한 인류 최초의 사회주의국가인 소비에트연방이 70여 년만인 1991년 붕괴되어 역사 속으로 사라진 것이다. 공산주의자였던 고르바초프 대통령은 자본주의를 받아들이는 개혁개방정책을 펼친다. 베를린 장벽이 1989년 무너지고 독일이 통일되고, 동유럽도 공산주의 붕괴라는 정치적 지형의 변화로 독립국들이 생겨나고 서구 사회와 교류를 시작한다. 그리고 가장 중요한, 중국의 '죽의 장막(Bamboo Curtain)'이 걷힌다. 죽의 장막은 냉전 시절, 중화인민공화국과 자유 진영 국가들 간의 경계를 지칭하며 중국의 고립정책을 표현한 것이다. 1990년대 죽의 장막이 걷히면서 당시 11억 인구의 중국이 개방되었고, 바야흐로 세계의 공장으로 등장한다. 이로써 세계는 완전한 지구촌을 형성하게 된다. 전 세계는 엄청난 양의 정보와 물류가 흐르는 거대한 하나의 사회를 형성한다. 예전에 한 국가에서 생산과 소비를 거의 해결하던 시기는 종식된다. 국가들이 각자의 역할을 분업한 듯한 양상을 보이고, 서로에 대한 상호 의존성이 증대된다. 어느 한 나라에서 큰 사건이 발생하면 이제는 전 세계에 영향을 끼치기도 한다.

정보 확산을 주도한 인터넷

_____ 이 와중에 인터넷과 이메일이 등장하여 전 세계는 정보를 공유하는 단계에 이른다. 이전에는 제품 브로슈어 하나 받으려면 국제 전화를 하고 비행기나 배를 타고 오는 자료를 기다려야 했다. 하지만 이제 클릭 하나로, 이메일로 순식간에 다

양한 정보를 취할 수 있다. 세계가 실시간으로 소통한다. 또한 미디어의 발달로 MTV, CNN 같은 TV 채널은 하루 종일 문화와 뉴스 동향을 실시간으로 전 세계에 쏟아낸다. 세계가 같은 뉴스를 동시간에 접하고, 정보를 실시간으로 교환한다.

산업적으로는 디지털 산업이 급격히 발전하고, 이동통신이 발달하며, 닷컴기업이 우후죽순 생겨난다. 삐삐에서 스마트폰이 나오기까지 10년밖에 걸리지 않는다. 소통의 방식도 달라지고, 이동통신 기구의 등장으로 개인주의는 가속화된다. 이때, 야후와 같은 닷컴기업들이 성장하고 우리나라에서도 다음이나 네이버와 같은 기업과 게임산업이 탄생하고 성장을 한다. 수많은 소프트웨어 회사와 하드웨어 회사의 흥망성쇠가 빠른 속도로 이루어지고 새로운 산업과 새로운 기업들이 젊은 인력을 흡수한다.

국내에서도 1988년 올림픽을 전후하여 선진국화를 위한 많은 변화가 시작된다. 위생이 개선되고, 해외여행이 자유화된다. 민주화를 향한 열망이 이어지고, 군사정권이 종식된다. OECD에 가입하며 경제적 선진국

반열에 들어설 뿐만 아니라 경제 발전을 사회 곳곳에서 최고로 만끽하게 된다. 전 세계적으로 산업과 사회의 양적·질적 성장이 폭발적으로 이루어진 시기에 우리 기업들도 속속 세계 무대에 발을 내딛기 시작한다.

오렌지족의 탄생

_____ 세계적인 부자들이 많이 태어난 시기는 1950년대다. 빌 게이츠나 스티브 잡스도 이 시기에 태어난다. 이들이 키운 컴퓨터 산업은 수많은 부자를 탄생시킨다. 세계경제 성장도 함께 이루어진다. 우리나라도 이 시기에 태어난 사람 중에 부자가 많다. 1980년대 후반 국토 개발이 가속화되면서, 부동산 가격이 폭등한다. 이때 개발의 덕을 본 부동산 부자들이 생겨나고, 이 신흥 부자들의 자녀가 X세대다.

당시 젊은이들을 대변하는 '오렌지족'이라는 단어가 등장한다. 부모의 부를 바탕으로 서울 강남 일대에서 향락적인 소비문화를 즐기는 젊은이를 일컫는 말인데,

물질적 풍요야말로 이 시기를 설명하는 가장 중요한 단어가 된다. 이들은 기성세대의 가치를 부정하며 자유분방한 생활과 개인주의 문화를 향유한다.

부모가 부자는 아니더라도 이 시기에는 집안의 맏이가 공장에서 노동해서 동생들을 공부시키고 결혼시키는 것이 가능한 시기다. 수입도 많았지만 그에 비해 누릴 수 있는 것은 더 많다. 뿐만 아니라 케이블 TV의 등장으로 다양한 대중문화도 풍요롭게 향유한다.

폭발적으로 증가한 산업의 다양성과 경제 고성장 덕분에 별 어려움 없이 자신의 커리어를 이어갈 수 있다. 1980년대 들었던 〈아, 대한민국〉이라는 노래의 가사처럼 '원하는 것은 무엇이든 얻을 수 있고, 뜻하는 것은 무엇이든 될 수가 있어'라며 희망을 품은 시대다. 대학생들은 해외 어학연수와 유럽 배낭여행을 하기 시작한다. 대학생은 학령 인구의 20~30%를 차지하는 수준이지만, 대학생 버스 할인과 같은 혜택을 받고, 등록금도 비싸지 않으며 과외를 통해 적지 않은 수입을 올릴 수 있다. 그리고 이 시기는 뭘 해도 되는 시기다. 예적금 금리는 10%를 넘고, 주식 또한 매년 10~20%

씩 꾸준히 성장한다. 대기업과 중소기업의 임금격차는 20% 안팎으로 크지 않다. 당시는 '평생직장'이라는 것이 존재한다.

고도의 양적·질적 성장의 끝에는 짙은 그림자가 드리워지기 마련이다. 1997년 말 외환위기는 이 모든 것을 재편하는 계기가 되고, 2000년대 이후 닥친 세계경제 위기 역시 닷컴산업의 붕괴, 이라크전이라는 위기를 야기하고 저성장 시대에 들어선다. 화려했던 10년의 시간은 X세대의 물질주의를 부추기며, Y세대의 어린 시절을 풍요롭게 만든다. 그러나 Y세대가 맞닥뜨린 세상은 어린 시절에 지켜봤던 어른들의 세상과는 사뭇 다르다.

밀레니얼 세대의 어제와 오늘

1990년대 이후에 대한민국의 비즈니스는 세계와 국내 상황에 모두 영향을 받는 매우 복잡한 구조를 형성하게 된다. 1997년 아시아 지역을 중심으로 발생한 외환 유동성 위기 즉, 외환위기가 터지고 새로 등장한 정권이 국제통화기금(IMF, International Monetary Found)에 구제금융 지원을 요청하며 국내 상황은 밀레니얼 세대에게 크나큰 시련을 준다.

그 시절 사회생활을 하고 어린 자녀를 키웠던 X세대는 잘 모르는 일들이 Y세대를 강타한다. 모든 국민이 경제위기로 고통받는 그 시기에 지금의 밀레니얼은 중고등학생이었다.

고도성장이 드리운 그늘

_____ 외환 보유고가 바닥이 나
고 충격을 견디지 못한 대우와 같은 대기업과 수많은
중소기업이 단기간에 파산하고, 이로 인해 대량 실직
이 일어난다. 부동산 가격은 폭락하고, 대기업조차 줄
줄이 도산하고 많은 가정이 휘청거린다.

1993년부터 1998년까지 김영삼 대통령이 이끈 문
민정부에서 대학 수립을 허가제로 전환하면서 대학이
우후죽순 생겨나기 시작한다. 이때부터 대학 진학률이
무려 80%에 달하면서 대학입시제도의 변화는 거의 모
든 밀레니얼에게 영향을 준다.

1998년 김대중 정부의 교육부 초대 장관인 이해찬
장관이 수많은 교육 개혁을 시도하면서 '이해찬 세대'
라는 말이 생긴다. 그중 가장 큰 영향을 미친 것이 대
학입시제도 개혁이다. 수학능력시험을 바탕으로 대학
을 가던 제도를 한 가지만 잘하면 진학할 수 있도록 개
편하여 각종 특기생 전형이 등장한다. 과도한 입시 준
비로부터 해방시켜준다는 의미에서 EBS 강의에만 충

실하면 된다며 수학능력시험의 난이도를 대폭 하향조
정한다. 학교에서 진행하던 월말고사, 중간·기말 고사
등 수많은 시험을 없애고 보충수업, 야간자율학습을
대폭 축소한다. 물론 수학능력시험 난이도 조정 실패
는 매번 반복되지만, 첫 한두 해는 말 그대로 대혼란을
야기한다. 이런 여파로 1990년대 말부터 고등교육 과
정은 상당한 변화를 겪는다. 또한 학생의 존엄과 가치,
자유와 권리를 보장하기 위한 제도인 학생인권조례가
통과되면서 학교에서는 체벌이 금지되고, 학생들의 권
리의식은 크게 향상된다.

요동치는 대학입시제도

_____ 좋은 의도로 시작한 여러
제도는 오래지 않아 부작용을 낳는다. 입시생들은 특
기 하나만 있으면, 예를 들어 조기 유학을 다녀와 영어
만 잘하면, 서울에 있는 대학에 진학할 수 있다는 식이
되다 보니 전반적으로 학력 저하라는 결과를 낳는다.

이후 서울대학교에서는 매년 기초과목 난이도를 하향 조정하는 일들이 생긴다. 또한 수능은 쉬워져서 난이도 높은 문제를 깊이 있게 고민하는 것이 아니라 쉬운 문제를 실수 없이 푸는 것에 교육의 초점이 맞춰진다. 수능이 쉬워지면서 한 문제만 틀려도 진학할 수 있는 학교가 바뀌는 상황이 벌어지자, 수험생은 실수에 과민해지고 쉬운 문제를 계속적으로 연습하며 한밤중까지 사교육에 열을 올린다. 학습이 아니라 문제 풀이에 모든 노력을 들이게 된 것이다.

이 시기부터 대입시험을 앞두고 한 해 바짝 몰입하면 대학을 갈 수 있는 확률이 급격히 줄어든다. 학생 평가에 교내에서 실시하는 각종 시험과 교내 대회만을 인정하여, 학교생활기록부◆를 토대로 한 대학입시제도가 생긴다. 올림픽에 나가는 것보다 학교 내 대회에서 우승하는 것이 명문대로 가는 길이 되었다. 학교

◆ 초중고등학생의 학적을 기록한 장부로 1996학년도부터 내신에 인성평가 정도가 추가되었던 생활기록부를 대체했다. 이는 상급학교 진학에 필요하며, 아울러 취업 시에도 반드시 필요하다. 특히 고등학교 3년간 학교 내에서 이루어진 거의 대부분의 활동이 세밀하게 기록된다. 이 학교생활기록부를 바탕으로 학생부종합전형이 이루어진다.

내에서 경쟁을 하다 보니, 다 같이 열심히 해서 우리의 꿈을 함께 이루자는 학생들 간의 소박한 연대의식이나 교실 내에서 서로 도와주는 문화는 철저하게 깨진다.

교사들은 '선생'이 아니라 학생들의 미래를 좌지우지하는 평가자가 되면서 학생들의 적대적 대상이 된다. X세대가 경험했던 공부 잘하는 학생이 부족한 학생을 도와주던 문화와 교사가 학생들과 맺었던 친밀한 관계 혹은 방임적 관계는 사라진다. 체벌이 사라진 학교는 학생들을 통제하기 위한 상벌제도를 만들어 모든 것을 기록하기 시작하고, 아이들은 이것이 성인이 된 후에도 진로에 영향을 끼친다는 극도의 불안을 느낀다. 질풍노도의 10대 시절은 기성세대에 대한 복종과 분노를 반복하는 기간이 된다.

대학 등록금은 급격히 오르는 대신 대출제도가 발달하고, 사법시험 대신 로스쿨이 등장한다. Y세대는 빚 얻어서 공부하고 그것을 갚아야 하는 신세에 놓인다. 돈이 없어서, 공부를 못해서 대학에 가지 못 가는 일은 현격히 감소하지만 대신 빚쟁이 청춘을 양산하게 된다.

비정규직으로 시작하다

_____ IMF 이후 구조조정의 아픔을 경험한 국내 기업들은 채용에 소극적으로 된다. 밀레니얼이 대학을 졸업하고 사회생활을 시작하는 시기에 비정규직이 급격히 확대된 것도 이 때문이다. 구조조정 이후 기업들은 2000년대 초반 반짝 신입사원을 뽑는다. 그것이 거의 신입사원 대량 채용의 마지막 기억이 된다.

2006년 비정규직 보호법이 국회를 통과하면서 2년 이상 한 직장에 근무할 경우 회사가 무기계약직으로 전환하는 규정이 생긴다. IMF 이후 고정비용과 구조조정에 대한 막대한 부담을 느낀 기업들은 정규직과 무기계약직 채용에 소극적으로 대처한다. 비정규직으로 커리어를 시작한 사람들은 2년에 한 번씩 전세 옮기듯 직장을 옮겨야 하는데, 이들은 숙련인력으로 성장하지 못하고 단순 업무를 반복하고 새로운 환경에 적응하느라 고통받고, 저임금과 고용불안이라는 이중고에 시달리게 된다. 이에 기간제 노동자나 단시간 근로자와 같

은 비정규직 노동자를 보호하기 위한 비정규직 보호
법이 2007년 7월부터 300인 이상 사업장에 적용되고
2009년 7월부터는 5인 이상 사업장으로 시행 범위가
확대된다.

미국은 정규직이라는 개념 자체가 없고 모두 비정
규직이며, 일본의 경우는 같은 일을 할 경우 비정규직
에게 고용불안정성을 상쇄하도록 더 높은 임금을 지
급한다. 그러나 우리나라 비정규직은 고용안정성과
급여에서 모두 불리하게 형성되어 이후 계층의 고착
화를 유발하는 하나의 원인이 된다. 베이비부머*에게
는 종신고용, X세대에게는 정규직, Y세대에게는 도급
과 하청에 재하청, 비정규직 등이 주요 고용 형태로
자리 잡는다.

◆ 이 책에서는 자세히 다루지 않지만 세대 구분에서 중요한 위치를 차지한다. 한국전
  쟁 직후인 1955년부터 가족계획 정책이 시행된 1963년 사이에 태어난 세대로, 이
  들은 1970년대 말 사회생활을 시작해 한국의 경제성장에 엄청난 영향을 미친다.

갈 곳 없는 신규 인력

_____ 2008년 미국발 서브프라임 모기지 사태(Subprime mortgage crisis) 이후 세계경제는 청천벽력과 같은 위기를 맞는다. 이 시기 우리나라는 세계에서 가장 인력 감축을 적게 한 국가로 꼽힌다. IMF에 겪었던 충격이 이러한 결정으로 이끌었으며 조직은 순환 휴직, 자발적 연봉 삭감 등으로 버틴다. 그러나 이것은 청년고용에 직접적인 영향을 미친다. IMF 이후와 같은 고용의 풍선효과조차 누리지 못하게 된 것이다. 10년 간격으로 큰 위기를 겪은 사업주는 새로운 인력을 충원하려는 계획을 수정한다. 이렇게 청년실업은 세계경제 위기 이후에도 계속 이어진다.

이 와중에 청년창업 등 새로운 돌파구를 열 만한 기회도 쉽게 일어나지 않았다. 보통 막 사회에 진출한 청년들은 새로운 산업과 기업에서 흡수한다. 1990년대 산업의 폭발이 청년고용과 성장으로 이루어졌듯이 청년의 창업이 인력 충원으로 이어져야 하지만 그렇지 못한 것이 현실이다.

넥슨, NC소프트와 같은 게임산업, 네이버와 다음과 같은 닷컴 포털 기업, SM이나 YG, JYP 같은 연예기획사 등은 X세대가 20대에 세운 산업이다. 이때 X세대는 기존의 산업과는 달리 자유로운 사내 분위기로 X세대만의 문화를 구축하며 조직문화를 형성하고 발전을 거듭한다. 동종업계 내에서 흡수합병을 통하여 대기업이 탄생하고, 이들은 세계적인 기업으로 성장한다.

베이비부머는 더 좋지 않은 경제 여건에서도 제조업을 키웠고, 세계적 수준으로 성장시켰다. X세대는 닷컴기업, 소프트웨어, 컴퓨터게임과 한류로 문화콘텐츠 산업을 키우고, 산업 태동 후 20여 년이 지난 지금 방탄소년단 같은 K팝이나 게임계에 절대적 강자로 세계적 수준의 결과를 선보인다.

그러나 Y세대가 세운 산업은 전무하다. 제조업은 그렇다 쳐도 문화면에서도 그렇다. 스타가 될 만한 프로듀서가 하나도 없다. 나영석·김태호 PD, 양현석, 박진영, 방시혁 같은 한류 프로듀서, 홍상수, 봉준호, 박찬욱과 같은 세계적인 감독. 세계로 뻗어나가는 제조업이든 문화산업이든 밀레니얼의 활약은 미약하다. 앞서 말한 사람들은 30대에 이미 스타로 떠올랐고, 지금도 정상을 지키고 있다. 또한 Y세대는 핀테크, 드론 등의 하이테크 기업, 스마트폰 기반의 앱 서비스, 공유경제 등 세계적으로 활발하게 일고 있는 조류에서도 한참 밀리고 있다.

요즘 애들, 철없고 팔자 좋다?

세계 공통적인 Y세대의 특성이 있다 하더라도 국가
별 온도차는 존재한다. 미국 등 일부 국가에서는 Y세
대의 약진이 두드러진다. 공유경제 붐이 일어나고, 스
마트폰 중심으로 소프트웨어 창업이 불붙었다. 미국
의 에어비엔비(Airbnb), 우버(Uber)나 유럽의 블라블라
카(BlaBlaCar) 등의 플랫폼 기반 공유 서비스 기업과 페
이스북(Facebook), 스냅챗(Snapchat), 텔레그램(Telegram)
같은 소셜 미디어 등이 생겨났다. 이런 새로운 산업은
대부분 젊은 창업가들에 의해 탄생했다.

그러나 우리나라에서 이런 분야 역시 Y세대가 주도
하는 기업의 등장은 전무한 상황이다. 현재 쏘카(Socar)

와 같은 공유경제, 카카오나 라인 같은 메신저 서비스는 모두 닷컴 붐을 일으킨 X세대의 2차 창업물이다. Y세대가 일으킨 산업군이 아니다. 여성 CEO를 중심으로 저가의 의류 유통업체가 생겨났지만, 난다(NANDA)와 같은 기업은 시장을 성공적으로 개척한 다음 아마존과 같이 성장하기보다 초기에 해외 기업에 매각하였다. 비슷한 업체들이 생겨나고 산업 내에서 M&A와 인력 이동, 사업 확장을 통해 대기업으로 진입하는 사례를 국내에서는 찾아보기 힘들다. 그러다 보니 새로운 산업이 창출하는 일자리의 수도 현저히 적다.

소확행, 욜로 그리고 탕진잼

_____ 2017년부터 세계경제는 조금씩 살아나 2018년 미국과 일본 등 주요 국가는 완전고용◆을 이룬다. 2018년 세계에서 가장 부동산을 많이 사들인 연령대는 20대다. 그들이 내 집 마련을 시작한 것이다. 그런데 우리나라는 어떠한가. 2000년 3억

원이던 서울 서초구 반포동 25평짜리 아파트는 2007년 7억 원이 되고, 2018년 20억 원이 되더니 재개발 후 30억 원을 바라보는 지경이다. 그런가 하면 적금 이율은 1/10 수준으로 줄었다.

돈을 모아 서울에 집을 사는 일은 이제 거의 불가능에 가깝다. 평범한 회사원도 사회 중상류층 진입을 꿈꿀 수 있었던 X세대와 달리 그들은 부모의 도움 없이는 주요 도시에 방 한 칸 마련하기가 어렵다. 부모의 경제적 도움은 부모로부터의 정신적 독립을 가로막아 지속적으로 누구의 '자식'으로 살아가게 해 인격 성숙에 걸림돌이 되고, 부모의 도움을 받지 못하는 사람들은 사회적 불만 세력이 된다.

X세대 젊은이들에게 오렌지족이 있다면 Y세대에게는 소소하지만 확실한 행복인 '소확행(小確幸)'◆◆이나 '욜로(YOLO)'가 있다. Y세대에게 소확행이란, 말 그대

◆ 자의로 취업하지 않는 자발적 실업자와 노동 수급의 차질로 인한 일시적 실업자를 제외하고, 일자리를 찾는 사람의 숫자와 현재 열려 있는 일자리 숫자가 거의 엇비슷해진 상태를 일컫는다. 그러나 사회 전체적으로 완전고용 상태라고 해도 지역별, 연령별 편차가 심할 수 있다.

◆◆ '소소하지만 확실한 행복'을 뜻하는 소확행은 일상에서 느낄 수 있는, 작지만 확실하게 실현 가능한 행복을 말한다.

로 소소할 수밖에 없다. 지금 X세대가 돈이 있어도 편의점에서 만 원에 4개짜리 캔맥주와 새우깡을 구입해 캠퍼스에서 먹으며 젊은 시절 향수에 젖는 소소한 행복과는 차원이 다르다.

Y세대는 양질의 교육을 받지 못하고 늘 평가받고 감시받으면서, 세계사에 기록될 수준의 성공을 이룬 앞 세대에게 늘 비교당하며 비난받아왔고 계속 가난했다. 그들이 찾을 수 있는 재미는 돈 몇만 원 들고 가서 다이소에서 싹쓸이 쇼핑을 하며 돈을 탕진하는 재미인 '탕진잼'을 느끼거나 인형 뽑기를 하며 소소한 재미를 느끼는 길밖에 없다. 월급날 TV에 나온 맛집에 가서 사진을 연신 찍어 SNS에 올리고 '좋아요'를 몇백 개 받아야 확실한 행복을 느낄 수 있는 것이다.

반면에 빈부격차가 커지면서 부잣집 자녀들이 많아진다. 이들은 대학을 다니면서 고가의 해외여행과 어학연수 등을 서슴없이 다닌다. 연대가 약해진 대학에서는 가난한 학생들에게 위화감을 줄 수 있는 행위는 자제하자는 자정적 움직임이 사라진다. 대학은 또 다른 비정한 현실이 되었다.

오늘을 위한 소비

_____ Y세대의 소비 패턴을 파악하는
데 욜로는 좋은 배경이 된다. 욜로를 지향하는 사람은
저축하지 않고, 현재를 위해 소비하고 자신의 감각적
만족에 투자하는 형태를 보인다. 이는 자신의 만족을
위한 과감한 소비처럼 보인다. 연휴에는 해외여행을
가고, 집을 사기보다 외제차를 선택한다. 비싼 퍼스널
트레이닝을 받기도 하고, 명품을 사기도 한다. 기성세
대는 이를 보고 '철이 없고 팔자가 좋다'고 비아냥거리
기도 한다. 집도 없으면서 저축하지 않는다고 혀를 차
기도 한다.

그러나 한 발짝만 들어가면 이것은 어쩌면 절망의
표현이 될 수도 있다는 것을 알 수 있다. 물론 물려받
은 것이 많아서 쓰고 싶은 대로 쓰며 사는 사람들도 있
다. 이는 어느 세대에든 있다. 그러나 이전 세대와 다
른 점이라면 돈이 없는 사람도 오늘의 행복을 위해 그
렇게 소비한다는 것이다. 편의점 도시락을 먹으며 80만
원짜리 명품 스니커즈를 산다.

일전에 한 기업에서 10여 차례 서로 다른 부서를 대상으로 같은 내용을 강의한 적이 있다. 기업이 지방에 위치했기 때문에 대개 KTX를 타고 방문했다. 보통 막내인 사원이나 대리가 기차역까지 필자를 데리러 나왔다. 늘 중형차가 다가오기에 당연히 회사 공용차이겠거니 생각했다. 그런데 마지막 강의 때는 프로그램을 기획한 중간관리자인 차장이 경차로 나를 데리러 나왔다. 흥미롭게 생각하며 개인용 차냐고 물었다. 그가 말하길, 그 전에 나온 차도 전부 개인 소유라고 했다.

사원과 대리는 중형차 이상을 타고, 차장은 경차를 탄다. 보통 이런 상황에 기성세대는 혀를 찬다. 그러나 달리 생각해보자. 경차를 탄다는 것은 개인 취향일 수 있지만 돈을 다른 데 많이 쓴다는 뜻일 수도 있다. 즉, 가족이 있고 집 대출을 갚고 있을 수 있다는 말이다.

서른 살에 중형차를 탄다는 것은 다른 데 나갈 돈이 많지 않을 수 있다는 뜻이다. 결혼을 하지 않았거나 했더라도 아이가 없거나, 집을 사지 않았다는 뜻일 수도 있다. 아이러니하게도 자신이 벌어 결혼하고 집을 산다면 좋은 차를 몰기 어려워진다. 즉, '집도 못 사는

데 차라도 좋은 것을 타자'라는 선택이 가능하다. 결혼하지 않고, 집을 살 가능성이 없다면 그러한 선택을 할 수 있게 된다.

한편, 고가의 물건들이 과거에 비해 상대적으로 저렴해졌다. 30년 전에 외제차를 길에서 보면 "아파트 한 채 굴러간다"라며 바라봤는데, 요즘 젊은 세대가 아파트만큼 비싼 외제차를 타고 다니는 것은 아니다. 그때도 벤츠는 1억 원가량이었고, 지금도 크게 다르지 않다. 해외여행도 그렇다. 1990년대 초반 유럽 일주일짜리 패키지여행은 300만 원 선이었다. 지금은 200만 원이 안 되는 상품도 많다. 대기업 신입사원 두 달 치의 월급과 맞먹던 금액이 이제는 한 달 치 최저임금으로도 가능하다. 항공료도 호텔 숙박비도 그리고 환율도 모든 것이 예전보다 저렴해졌다. 따라서 과거의 기준으로 해외여행을 바라봐서는 안 된다. 그리고 다수의 밀레니얼이 가는 여행은 국적기를 타거나 비싼 호텔에서 묵는 것이 아닌 경우가 많다. 저가항공을 이용하고 에어비앤비나 한인 민박집에 묵으면 100만 원대로 일주일 해외여행이 가능하다. 그들도 돈 모아서 집을 살

수 있다면 해외여행 안 간 돈으로 집을 살 것이다.

　이렇듯 X세대와 Y세대가 경험한 대한민국은 너무나 다르다. 한마디로 말해서 X세대는 가난하게 태어나서 점점 부자가 되는 것을 경험하고, 자수성가를 한 세대다. Y세대는 중산층 가정에 태어났는데 부침이 심하게 자라고 성인이 되어서는 아버지보다 못 사는 첫 세대가 되었다. 세계적으로도 Y세대의 첫 번째 특성은 '가난'이다. 불과 10~20년 정도의 시간 차이지만 압축 성장을 해온 우리나라는 그 어느 나라보다 세대 간 빈부격차가 심하다. 이것이 현실이다.

Part 2

다른 경험이 만든
생각의 차이

두 세대가 살아온 과정

앞에서 1990년에서 2020년에 이르기까지, 세계와 한국의 정치·경제 분야의 변동이 X세대와 Y세대에 어떻게 영향을 미쳤는지 살펴봤다. 이제 두 세대의 성장 과정을 본격적으로 비교해보고자 한다. 여러 기업에서 세대론 강의를 진행해보면 다음 내용에 굉장히 흥미를 보이는데, 독자들 역시 두 세대가 본질적으로 어떻게 다른지 이해할 수 있을 것이다.

출생 당시 국가 환경

_____ X세대는 개발도상국에서 태어났다. 그들의 부모는 전쟁 통이나 전쟁 직후에 태어났다. Y세대는 선진국에서 태어났다. 1980년대 후반에 태어난 이들도 초등학교를 다니던 시절부터 우리나라는 OECD에 가입한 선진국이다. 그들의 부모는 전후 세대다.

한 전문가는 Y세대가 그 이전 세대와 다른 이유에 대해 전후 세대 부모의 양육과 그 이후 세대 부모의 양육 방식이 다르기 때문이라고 해석한다. 전쟁과 가난을 직접 겪었던 세대와 그렇지 않은 세대는 차이가 날 수밖에 없기 때문이다.

경제 수준도 교육 수준도 다르다. 개발도상국과 선진국은 여러 가지 면에서 차이가 난다. 개발도상국은 엘리트를 빨리 키워 대표 선수를 만들고 그들이 이끌어가는 시스템이다. 국가적 차원에서 대기업을 밀어주고, 체육도 엘리트 체육으로 다른 삶은 모두 유예하고 세계 1등이 되는 데에 운동 이외의 삶을 버리고 모든 것을 바친다. 그러나 선진국이 되면 성장만큼 분배를 중요하게 여기고, 결과만큼 과정을 중요하게 생각한다. 예전에 올림픽에서 은메달을 딴 선수는 서럽게 울었다. 하지만 어느 순간부터 사람들은 메달 색깔과 상관없이 선수들의 땀과 노력에 박수를 보낸다. 먹고사는 것만큼 각자의 취향도 중요해졌다. 성장과 분배에 대한 생각이 다를 수밖에 없다.

가정 내 형제 수

_____ 1970년대 인구정책의 슬로건은 "덮어놓고 낳다 보면 거지꼴을 못 면한다"였다. 1980년대에는 "아들 딸 구별 말고 하나만 낳아 잘 기르자"였다. 그 당시에는 대부분의 집에 형제가 3~4명 이상이었고 정부는 산아제한을 하고 있었다. 그러다가 1980년대 이후 태어난 사람들의 절반 이상은 외동이 되었다. Y세대는 형제가 없거나 많아야 한두 명이다. 가정에서의 형제 수는 한 인간의 기본적인 성격 형성에 큰 영향

을 미친다. 오스트리아의 정신의학자 알프레트 아들러
는 인간의 성격을 태어난 순서로 규정할 만큼 형제간
의 관계는 우리의 성격에 영향을 크게 미친다고 했다.

인간이 겪는 여러 가지 시련 가운데 가장 처음 만나
는 시련이라면 동생이 태어나는 것이다. 이는 자신이
세상의 중심인 줄 알고 사는 영아나 유아에게 세상의
전부를 빼앗긴 것과 같은 큰 좌절과 고통을 안겨준다.
어떤 정신과 전문의는 이를 두고 '남편이나 아내가 줄
곧 나만 사랑한다고 하더니, 어느 날 다른 여자나 남
자를 데리고 와서 둘 다 똑같이 사랑하니까 이제 둘이
서 잘 지내라고 할 때와 견줄 만한 고통'이라고 설명하
였다.

실제 이럴 때 많은 아동이 갑자기 대소변을 못 가린
다거나 말을 어눌하게 하는 퇴행 현상을 겪는다. 심지
어는 자기가 아기의 자리를 계속 지키고 싶은 욕구에
몸이 자라지 않는 경우도 있다. 이렇게 극심한 좌절을
겪은 후에는 자연스럽게 빼앗긴 부모의 사랑을 차지하
기 위한 경쟁에 돌입한다. 그들은 자라면서 유한한 부
모의 관심과 자원, 예를 들면 통닭의 닭다리를 누가 차

지할 것인가와 같은 경쟁에 몰입한다. 자원이 부족하던 시절에는 더욱 그렇다. 따라서 생존을 위한 경쟁이 몸에 배어 있다.

그러나 Y세대부터는 다르다. 그들은 대부분 가족의 자원을 독차지한다. 이들은 대략 70% 정도가 외동 아니면 막내다. 어린 시절 자신의 것을 빼앗겨본 경험이 없다. 그렇다 보니 경쟁의식이 거의 없다. 상실을 겪어보지 않아서 기본적으로 선하다. 그리고 많은 돌봄과 관심을 받고 자랐다. 경제적으로 더 풍족하게 성장하고, 그것에 대한 경쟁을 해보지도 않았다. 자신이 가진 것을 나눈다. 게다가 이들이 학교생활을 하던 시절에는 자의든 타의든 봉사활동을 해왔다. 따라서 자신보다 어려운 사람들의 처지도 생각할 줄 안다.

이처럼 여러 명의 형제 속에서 자란 X세대와 외동 혹은 적은 수의 형제와 자란 Y세대는 성격이 다를 수밖에 없고, 이는 단체생활이나 사회생활을 할 때도 어느 정도 영향을 미친다.

부모와의 관계

_____ 예전에는 '가족 같은 회사'라는 표현을 흔하게 썼다. 가족 같은 회사를 만들고 싶든 아니든 가족과의 관계가 조직에 자연스럽게 투영된다. 이를 정신분석학에서는 '전이'라고 하는데, 부모와 같은 권위자의 모습을 학교에서 선생님이나 직장에서 상사에게 투영하는 것이다. 따라서 자신이 어떤 가족 관계 안에서 성장했는지는 사회생활에서 어떤 관계를 맺는지와 매우 깊은 연관이 있다.

그런데 X세대와 Y세대는 가족에 대한 개념이 다르다. 앞에서 살펴본 형제들과의 관계에서 볼 수 있듯이 X세대는 동료들과 자연스럽게 경쟁한다. 그리고 경쟁에서 이기려는 모습이 자연스럽다. 그러나 이것은 형제와 죽일 듯이 싸우고, 또 다음 날은 같이 사이좋게 지내는 것과 비슷하다. 경쟁하고 격하게 갈등하더라도 과도하게 빼앗지는 않고 기본적으로 정이 있다. '경쟁' 자체를 이기적이라거나 전투적으로 보지 않는다. 그리고 아무리 형제끼리 사이가 안 좋아도 외부에서 갈등이 생기면 다시 똘똘 뭉친다.

부모의 역할은 그다지 크지 않다. 그들은 성장하는 동안 가족보다는 동네와 학교의 친구들과 더 많은 시간을 보내고 관계를 가져왔다. 그리고 더 큰 커뮤니티에서 성장했다. 조부모나 친척들과 함께 사는 확대가족 속에서 자라고, 동네라는 커뮤니티에서 자랐다. 예전에는 옆집에 아이를 맡겨놓고 일을 다니는 사람들도 있었다. 이들이 생각하는 가족의 개념에는 깊은 정이 있지만, 대신 경쟁자의 숫자가 더 많다. 그리고 위계가 확실하다. 어린 시절 밥상에서는 조부모나 부모가 먼저 수저 들기를 기다리는 집이 대부분이었다.

그러나 Y세대가 말하는 가족 같은 회사는 그림이 다르다. 이들이 생각하는 가족 같은 회사는 기본적으로 수평적인 조직이다. 부모가 권위를 내세우지 않는다. 부모는 내가 모시는 존재가 아니라, 나를 돌보는 존재이며 자신의 것을 나누어주는 사람이다. 잡일이나 잔심부름은 나이든 사람이 아랫사람에게 해주는 것이 가족이다. 내가 피자를 먹고 싶으면, 삼겹살을 먹고 싶은 아버지가 양보를 해야 한다. 부모에게 보통 존댓말 대신 반말을 한다. 조부모는 아이들이 예쁘다고 선물과 용돈 공세를 펼친다.

이들의 부모는 아이의 인생을 거의 대신 살아준다. 학교와 학원에 아이를 실어나르고, 학교 생활기록부에 들어갈 스펙을 만드느라 자신이 가진 모든 것을 동원한다. 한 젊은 직원이 상사에게 "저는 우리 회사가 너무 좋아요. 그래서 저희 부모님께 감사해요"라고 하더란다. 좋은 회사를 들어온 자신이 자랑스러운 것도 아니고 회사가 고마운 것도 아니다. 자신을 여기까지 올 수 있게 '만들어준' 부모에게 감사하단다.

대학에서도 그렇다. 교수 생활을 하면서 당황스러운 일을 자주 겪는데, 그중 하나가 한 학생이 새벽 2시에 나에게 자신이 누구라고 밝히지도 않고 내일 과제 마감을 미루어줄 수 있느냐며 문자를 보낸 것이다. 그리고 한 학생이 상담을 해달라고 해서, 내가 수업을 마치고 같이 학생 식당에 가서 떡볶이와 김밥을 먹으며 이야기를 하자고 했다. 계산도 내가 하고, 같이 먹을 단무지와 깍두기도 내가 담고, 상담도 해주었다. 그 비슷한 일들이 이후로도 종종 일어났다. 학교와 학원에서 누구라도 자신들을 챙겨주는 일들이 워낙 자연스럽다 보니 대학에 와서도 그렇게 행동하는 것이다. 그들이 생각하는 가족과 같은 회사는 윗사람이 아랫사람을 챙기고 양보하는 회사다.

학교생활

_____ X세대는 한 학급에 60명 정도 모여서 생활했다. Y세대는 30~40명, 1996년 이후에 태어난 Z세대는 20여 명이다. 이렇게 서로 다른 환경에서 똑같은 사람으로 성장하는 것은 불가능하다.

X세대에게 선생님은 그다지 중요하지 않다. 익명의 학교생활이 가능했다. 대부분의 선생님들은 아이들에게 교과나 가르쳤지 인생에 깊숙이 관여할 수가 없었다. 그리고 체벌도 잦았다. 선생님들도 학생들을 반장, 주번 혹은 번호로 불렀다.

Y세대는 중고등학교 시절 교과 선생님들도 아이들의 이름을 다 알 정도다. 학급 인원도 적을뿐더러, 상점

과 벌점을 주어 학생들을 통제해야 하기 때문에 서로 잘 알 수밖에 없다.

X세대는 학교를 다니면서 다양한 활동을 했다. 국가 행사에 동원될 뿐만 아니라 주요 노동의 근원으로 이용되었다. 학교 청소도 학생들이 다했다. 마루 바닥을 관리하는 일부터 복도, 화장실, 화단, 운동장 그리고 특수 공간까지 다 학생들이 청소했다. 겨울에 난방에 필요한 갈탄을 쌓아두는 창고까지 어린 학생들이 다 청소를 했으며, 한 달에 한 번은 동네에 나가 바닥의 껌을 떼는 청소까지 했다. 시골에서는 농번기에 학생들이 동원되기도 했다.

그러나 Y세대는 자기들이 머무르는 교실 공간만 청소했다. 나머지 공간은 '나이 든' 분들이 한다. 어쩌다 노동력이 더 필요하면 아이들이 하는 것이 아니라 부모가 와서 그 노동을 한다.

그리고 무엇보다 중요한 것은 학생부종합전형(이하 학종)이다. 1998년 각종 특기자전형이 생겨나고 2000년대 중반 입학사정관제*가 확대된다. 학종은 Y세대에게 지대한 영향을 미친다. Y세대의 80%가 대학 진학을 하고 그중 80%의 학생이 학종으로 대학에 진학했다. 20% 정도가 대학을 가고, 전국 단위의 경쟁에 의한 학력고사나 수학능력시험으로 대학을 가던 X세대와는 전혀 다른 시스템 아래서 성장한다. 대부분의 학생들이 수학능력시험을 통해서 전체 경쟁을 하여 대학에 가는 것이 아니라 이 학종으로 대학을 간다. 따라서 학종으로 대학을 가든 대학을 가지 않든, 이 세대는 이 제도에 의해서 문화가 형성된다.

학종은 기본적으로 학내 경쟁 시스템이다. 학종은 외부의 성취는 포함하지 않고, 학내에서 치르는 시험과 수행평가와 교사들의 정성적 평가 등을 기록한다. 그리고 그 점수로 한 학교 내에서 아이들을 줄 세운다. 그리고 그 성적으로 아이들은 대학에 진학한다. 따라서 같은 반, 같은 학교 학생들이 모두 경쟁자가 된다. 그들은 경쟁자가 오늘 얼마만큼 공부하고, 얼마만큼 성취를

◆ 대학이 미국처럼 대입전형 전문가인 입학사정관(admission officer)을 채용하여 대학의 특성에 따라 자유롭게 학생을 선발하는 제도. 대입과 관련해 점수화된 자료뿐만 아니라 학생의 개인 환경, 학교에서 배운 내용, 특별활동 내역 등 비계량적 요소 등을 평가하거나 대학의 건학 이념에 따라 맞춤형으로 선발한다. 한국에서는 2008학년도 대입에 시범적으로 도입하였고 이후 학생부종합전형으로 이름이 바뀌었다.

하는지 매일매일 지켜본다. 부모도 함께 지켜본다. 내가 잘하는 것도 중요하지만, 다른 학생이 못하는 것도 중요하다. 그리고 정성적 평가는 교사가 한다. 따라서 선생님이 누구를 칭찬하고 인정하고, 그리고 야단치는지가 이들에게 굉장히 중요한 부분을 차지한다. 당연히 여기서 학생들 간의 연대 관계는 깨진다.

X세대가 다 같이 열심히 해서 각자 원하는 대학을 가자고 격려하던 일은 이들에게서 찾아볼 수 없다. 성적이 좋은 학생들이 그렇지 못한 학생들을 도와주고 가르쳐주는 X세대에게 당연했던 풍경은 Y세대에게서 찾아볼 수가 없다. X세대에게 선생님의 평가는 중요하지 않다. 선생님이 뭐라고 하든 나만 열심히 공부해서 학력고사, 수학능력시험만 잘 치르면 되었다.

가끔 팀장급들이 '요즘 젊은 구성원들이 자기밖에 모른다'고 하소연하는 경우가 있다. 그들은 이렇게 자기만 생각하도록 길러졌다. 아마 이 글을 읽는 독자도 가정에서 자신의 자녀에게 경쟁에서 이기라고 말했을 것이다. X세대에게도 경쟁이 있지만, 그들은 내부 동료들과의 경쟁보다 외부와의 경쟁에 더 열을 올린다.

함께 뭉쳐서 라이벌을 이기는 데 초점을 맞춘다. 하지만 Y세대는 개개인이 경쟁한다. 자신이 어떻게 공부하는지도 비밀이고, 다른 친구들에게 자신이 알고 있는 것을 나눌 수도 없다. 그것은 곧 나에게 손해로 돌아오기 때문이다. 그리고 마치 대학입시가 인생의 전부인 것처럼 주입된 학생들에게 급우는 더 이상 친구가 아니고 경쟁자일 뿐이다.

X세대는 어린 시절 운동회를 하면 줄다리기, 계주 등 협동을 중시하는 환경에서 자랐다. 불미스러운 일에 단체 기합을 받는 것에 대한 저항이 없다. Y세대에게 단체 기합은 상상도 할 수 없는 일이다. 회사에 와서도 다른 동료의 실수에 대한 결과를 함께 가지고 가는 것을 참을 수가 없다. 공을 나누는 것도 싫어한다. 정확한 평가, 공정에 목을 매게 된 것이다. 밀레니얼 세대는 친구가 없는 이들도 많다. 구조가 그렇게 되어 있다. 그러니 인사이더(인싸), 아웃사이더(아싸)라는 신조어가 나오는 것이다. 웬만큼 매력이 있고 외향적이지 않는 한 친구가 생기기 어려운 구조다.

그러나 X세대는 밀레니얼이 말하는 공정이라는 것

에 대한 개념 자체가 희박하다. 그리고 '우리'의 가치를 중시한다. 오히려 부족한 친구들을 '깍두기'로 데리고 가는 것에 익숙하다. 지금 많은 리더들이 구성원들을 평가해야 한다는 것 자체를 힘들어한다. 그들은 그런 평가를 받아본 적도 해본 적도 없다. 예전에는 회사 내에서 이루어지는 승진 시험에서 서로서로 형편을 봐주며 고과(考課) 몰아주기를 하는 일이 드물지 않았다. 그러나 밀레니얼은 평가에 익숙하다. 이 평가라는 면에서 보면 밀레니얼이 X세대보다 더 익숙하다.

2011년부터 대학에서 학생들을 가르치기 시작하면서 매 학기마다 받는 이메일이 있다. 학기를 마치면 몇몇 학생이 자기가 받은 성적의 근거를 알려달라고 요구한다. 이에 이렇게 답장을 한다. "○○야. 네가 열심히 했는데, 성적이 생각보다 잘 안 나와서 실망을 했구나. 나도 너의 성적을 보고 놀랐단다. 네가 열심히 한 것을 알고 있다. 아마 시험에서 운이 없었거나, 다른 친구들이 더 열심히 해서 이런 결과가 나왔다고 생각한다. 이는 너의 리더십에 대한 평가가 아니니, 결코 실망하지 마라. 내가 점수를 매겼지만, 너는 나에게 영

원한 A+란다"라고 하면서 엑셀로 정리된 성적과 평균 성적을 보내준다. 그러면 대부분 수긍을 한다.

그래도 수긍하기 힘들다고 하면 불러서 해당 학생의 답안지와 성적 우수자의 답안지를 비교해준다. 그럼에도 불구하고 문제가 있다고 생각하면 총장한테까지 민원을 낸다. 그러나 이는 결코 성적에 너무 신경 쓰는 몇몇 과민한 학생들만의 일이 아니다. Y세대는 이것을 아주 당연하게 여긴다. 밀레니얼은 이런 학창 시절을 보내고 입사한다. 그러니 연봉이 왔다 갔다 하는 평가에는 얼마나 민감할까?

X세대는 학점의 근거를 궁금하게 생각하지 않았다. 학점이라고 하는 것은 알 수 없는 메커니즘에 의해 나오는 것이라, 선풍기로 리포트나 시험지를 날려서 앞쪽에 떨어지면 학점을 잘 받는다는 소문도 있었고, 실제로 글자 크기를 키워 무겁게 만든 리포트를 내기도 했다. 심지어 대부분은 학점의 근거는커녕 학점 자체에 관심이 없었을 것이다.

밀레니얼은 조직 내에서의 평가가 자신의 존재에 대한 평가라고 생각하기도 한다. 중고등학교 시절 그

평가로 자신의 미래가 결정된다고 교육받아서 그렇다. 그래서 자신이 잘하고 있는지 어떤지 피드백에 목말라 하고, 부정적인 피드백을 받으면 하늘이 무너질 것 같은 절망감을 느낀다. 상사의 말 한마디 한마디에 천당과 지옥을 오간다. 그래서 직장에 와서도 상사에게 인정과 칭찬을 해달라는 것이고, 공정하게 평가해달라고 요구하는 것이다. 자연계의 약육강식, 결과로 말하는 비즈니스 세계에 익숙한 X세대는 이런 요구를 아예 인지하지 못하는 경우가 많다. X세대와 Y세대는 거의 다른 나라 수준의 교육을 받았다고 볼 수 있다.

취업 환경

_____ 이 두 세대는 사회생활의 시작에서도 큰 차이가 있다. 1980~1990년대는 취업이 어려운 시절이 아니었다. 서울에 있는 대학을 다니는 학생들은 면접비를 받아서 술을 마시려고 일부러 면접을 다니기도 했다. 학력과 상관없이 취업이 어렵지 않고, 창업도 많이 했

다. 1997년 외환위기로 국가 전체가 크게 흔들리지만 2000년대 초반 신입사원을 대거 채용함으로써 1990년대 학번까지는 우여곡절을 겪어도 어떻게든 사회생활을 시작할 수 있었다.

세계적으로는 2001년 9.11 테러가 촉발한 이라크전의 여파가 있었다. 이렇게 큰 전쟁이 일어나면 많은 자본이 전쟁으로 들어간다. 창업 지원을 할 돈이 있다면 그 돈이 전쟁에 들어가고, 당장 급하지 않은 일에 들어가야 할 돈도 전쟁으로 빠져나간다. 당시에는 해외의 젊은이들도 어려움을 겪는다.

Y세대는 새로운 밀레니얼에 사회생활을 시작한 세대다. 선진국 청년들의 대학 진학률은 20~30% 수준이고 군대도 가지 않기에 거의 스무 살 때부터 커리어를 시작한다. 그런데 이들이 사회에 편입될 즈음 세계경제는 곤두박질친다. 이라크전의 여파와 더불어 2008년 미국발 경제위기가 세계를 덮친다. 모두가 어려운 시기를 건너야 했다. 우리나라 경제도 위축되며 청년 실업으로 이어진다. 경제적으로 독립하지 못하고 부모에게 의존하는 캥거루족이 점점 늘어가고 있다.

그리고 젊은이들의 가장 큰 화두인 내 집 마련이 어려워진다. 2000년대 초반까지만 해도 웬만한 직장인들은 내 집 마련이 가능했다. 지금까지 대기업을 다니는 40~50대라면 자신이 마련한 집이 한두 채 있을 정도다. 그러나 2000년대 중반 우리나라 집값은 거의 두 배로 뛴다. 취업도 어렵고, 대부분 비정규직에 하청업체에서 일하는 직원들은 자신의 일터 근처에서 젊은 시절에 집을 살 수가 없게 된다.

그리고 최근 3년간 우리나라 주요 도시의 집값은 44% 이상 급등◆한다. 반면 지방 중소도시를 중심으로 집값이 떨어진 지역도 많다. 젊은이들은 너무 높아진 집값에 혹은 계속 떨어지는 집값 때문에 집을 사기가 어려워진다. 부모에게 도움을 받아 집을 사는 젊은이들과 그렇지 않은 젊은이들 사이에 위화감이 조성되고, 불공정에 대한 불만은 너무나 높아졌다.

하지만 이들을 위해서 깃발을 들어주는 사람들은 없

◆ 국가·도시 비교통계사이트 '넘베오(Numbeo)'에 따르면 2019년 기준 서울 도심의 아파트값은 3.3㎡(평)당 5만 268달러(5831만 원)으로 조사 대상 세계 390개 도심 가운데 4위를 차지했으며, 최근 3년간 상승률은 44.2%인 것으로 나타났다.

다. 하청, 재하청 업체에서 끼니도 제대로 해결하지 못하고 최저임금을 받으며 일을 하다가 안전사고로 목숨을 잃어도, 이들을 위해 투쟁해주는 힘 있는 노동조합도 없고 그들을 위해 법을 만드는 정치인도 없다. 이렇게 불공정한데 왜 젊은이들은 자신들의 목소리를 내지 않을까?

앞서 이야기한 대로, 이들은 자신들끼리 연대하지 않는다. 단체 행동을 하지 않는다. 대학 등록금을 인하하라고 매년 등록금 투쟁을 하고, 대학생이 공장에 위장 취업을 해서라도 노동운동을 하던 앞세대와 다르다. 대신 자신들끼리 경쟁한다. 이 불공정을 타파하라고 연대하여 목소리를 높이는 것이 아니라, 점점 작아져가는 취업문을 뚫기 위해서 그들끼리 경쟁한다. 그리고 그곳에서 어쩔 수 없이 더 안 좋은 일자리를 차지하게 된 이들이 받는 낮은 처우는 당연한 이치라고 여긴다. 경쟁 자체가 불공정하더라도, 그 경쟁에서 이기는 것을 중요하게 여긴다. 경쟁에서 진 사람들은 자신들의 무능을 자책한다. 그래서 우리는 이 젊은이들의 신음소리를 들을 수 없는 것이다.

X세대보다 윤택하게 자라고 체격도 좋고 배운 것도 많고 대학 진학률도 높은 그들은 사실 알고 보면 사회의 바닥에서 고통받고 있다. 이들은 절대 앞 세대에 비해 게으르지 않고, 노력을 적게 하지도 않는다. 이들은 어린 시절부터 학교 끝나면 친구들과 노는 대신 학원에서 대부분의 시간을 보냈고 방학도 없었다. 각종 학업과 학습활동을 하느라 빈둥댈 틈도 없었다. 서울대 다니는 학생들도 편의점 아르바이트를 해서 학비와 생활비를 댄다.

대학생 과외비는 30년 전에도 한 달에 20만 원, 지금도 20만 원 정도다. 젊은 시절의 문화로 따지면 X세대가 훨씬 자유분방하다. 나이트클럽, 락카페, 노래방, 술집 등 각종 향락 문화는 X세대 젊은 시절에 절정을 이뤘다. 필자가 대학을 다닐 때 명문대생 중에는 과외로 서울에 집을 산 이도 있었다.

X세대가 하는 '라떼는 말이야'가 밀레니얼 세대에게는 전혀 맞지 않는 배경을 가지고 있다.

완벽한 스펙 그러나 불안한 삶

선배가 밥을 사주던 경험이 있는 사람들은 식사 시간에 선배를 만나면 반가울 것이다. 그러나 그런 경험이 없는 사람은 선배를 봐도 별 감흥이 없을 것이다. 어릴때 동네에서 깍두기가 되어서라도 어울려 놀 수 있었던 사람은 커서 무리에서 어울리는 것에 큰 부담이 없을 것이다. 그러나 반대로 주변 사람들에게 부족한 면을 지적당하고, 무리에서 따돌림을 당하기까지 한 경험이 있다면, 여러 사람이 모여 있는 곳에서 두려움을 느낄 것이다.

이런 경험의 차이가 행동 양식에도 변화를 준다. 무리 속에서 공포를 느끼는 사람에게 과거는 과거일 뿐,

지금 왜 그런 감정을 느끼고 그렇게 행동하느냐고 다그쳐봤자 아무런 의미가 없다. 감정이라고 하는 것은 자동적이며, 순간적으로 표현되는 것으로 우리가 통제할 수 없기 때문이다. 앞에서 밀레니얼의 성장 배경을 살펴본 이유 역시 그들의 행동 이면을 이해하기 위함이다. 물론 어떤 사람은 밀레니얼에 대해 설명하면 이렇게 되묻기도 한다.

"조직에 속했으면 자신이 과거에 어떤 경험을 했든, 조직에 맞춰야 하는 거 아닌가요?"

예를 들어 어떤 사람이 미국에 이민 갔다고 해서 현지인처럼 행동하고 생각하는 것이 가능할까? 성장 과정은 알게 모르게 우리의 선택과 행동에 영향을 미친다. 마찬가지로 밀레니얼이 사회에 나와서 취직이 되었다고 순식간에 기존 조직에 순응하고, 그에 어울리는 사람이 될 수 있는 것은 아니다.

앞서 이야기한 사회문화적 배경이 서로 다른 사람들은 그 결과로 형성된 심리적 특성도 다를 수밖에 없다. 우선 그것을 받아들여야 한다. 그 다름이 어떻게 서로 다른 집단을 만들었는지 살펴보자. 1990년대부터 2020년 사이의 격변기에 성장한 Y세대는 어떤 심리적 특성을 보일까.

자기 효능감 vs. 학습된 무기력

_____ X세대는 자신감이 넘친다. 가난하게 태어났지만, 스스로의 힘으로 일가를 이루었다. 부모보다 더 많이 배우고, 더 부자가 되었다. 그리고 그들의 친구들도 비슷하다. IMF가 우리 사회를 할퀴고 갔지만, 보통은 그 시기에 왕성하게 일하던 베이비부머에게 가장 큰 상흔을 남겼다. X세대는 IMF 시기에 잠시 취업하지 못했다가도 2000년대 초반에 어떻게든 자리를 잡았다. 그러나 그때 무너진 40~50대 가장들은 재기가 어려웠다. 그들의 자녀가 바로 Y세대다.

당시 X세대는 사회에 진출한 지 얼마 되지 않은 주니어였기에, 사회에 불어닥친 칼바람을 피할 수 있었다. 구조조정의 대상은 주니어가 아니라 그 위의 중간관리자였기 때문이다. 최악의 상황을 피한 X세대는 '할 수 있다'라는 믿음을 바탕으로 무수한 성공 경험을 이룬다. 취업이 어렵지 않고, 돈 버는 것도 어렵지 않고, 결혼을 하는 것도 집을 사는 것도 어렵지 않았다. 부모로부터 어른으로 인정받는 특별한 절차도 필요 없었다. 친구의 부모가 부자라도 자신이 돈을 벌어서 그 친구보다 더 잘살 수 있다는 생각을 하기도 했다.

직장에서도 마찬가지다. 새로운 기술 발달의 수혜를 본다. 회사에 가니 상사들은 컴퓨터를 잘 다루지 못하고, 어떤 상사는 타이핑조차 못한다. 상사보다 더 많은 것을 해낼 수 있는 능력을 가진 신세대로 어깨를 펴고 다닐 수 있었다. 1980년대에 민주화운동이 한창이면서 대학 교육이 정상적으로 이루어지지 않던 시기에 대학을 다닌 선배들보다 뛰어난 역량을 가진 듯 보였다. 상시 구조조정으로 베이비부머 세대가 조직에서 많이 물러나서 승진도 어렵지 않고 그렇게 자신감과 성공 경험을 축적한다. 게다가 이들은 가장 높은 인구비율을 차지한다. 동년배나 동기들과의 끈끈한 유대를 바탕으로 조직 내에서 어렵지 않게 자리를 잡을 수 있었다. 딱히 정해진 프로세스가 없어도 스스로 프로세스를 만들어나갔다.

컴퓨터를 사용하면서 이러한 프로세스는 더욱 효율적으로 정립된다. 그들은 그 길을 만든다. X세대는 자신이 할 수 있다는 믿음, 자기 효능감이 매우 높은 집단이다.

현재 가장 높은 구매력을 보이는 고객도 X세대다. 이들이 20대였던 1990년대 이래 지금까지 계속적으로 우리나라에서 가장 큰 구매력을 지닌 세대로 존재한다. 2019년 큰 인기를 얻은 '2030의 대통령 펭수'보다 쉰 살이 넘은 가수 양준일 관련한 상품이 더 많이 팔리는 이유도 여기에 있다.

이에 반해 Y세대는 중고등학교 시절 끊임없이 평가와 비교를 받던 세대다. 한마디로 기가 죽어 있다. 그리고 아무리 저명한 대학을 나와도 취업이라면 낙타가 바늘구멍을 뚫는 지경이었다. 대기업에 취업한 사람들을 보면, 명문대 졸업은 기본이고 만점에 가까운 영어 점수와 높은 학점, 풍부한 해외 경험이 있다. 기업에서 강의하면서 X세대에게 "당신이 처음 취업할 때의 스펙으로 지금 근무하는 회사에 입사가 가능한가?"라고 물으면 자신들은 '입사 부적격'이란다. 정확하다. 게다가 비정규직이 너무나 많아지고, 정규직으로 입사하는 수는 X세대에 비하면 반토막 이하다. 어렵게 취업의 문턱을 넘어도, 동기가 거의 없어 의지할 곳이 없다. 기세등등한 선배들 앞에서 기가 죽기 마련이다. 그렇게 그들은 학습된 무기력에 빠진다.

학습된 무기력은 자신이 통제할 수 없는 상황을 경험한 후에는 통제할 수 있는 상황이라도 그 상황을 통제하려는 노력을 하지 않는 무기력한 심리 상태를 뜻한다. 어린 시절부터 부모와 선생님의 통제력에 길들여진 그들은 상사들을 치고 올라가거나, 자신들의 역량으로 조직에서 자리매김을 해야 한다는 생각을 하지 못한다. 만일 그들이 일을 못하는 것처럼 보인다면, 자신감이 부족한 경우일 수 있다.

X세대는 '우리도 누가 가르쳐주지 않았고, 매뉴얼도 없이 맨땅에 헤딩했다'고 하소연한다. 하지만 '맨땅에 헤딩'도 그렇게 해서 성공해본 사람들이 계속 시도하는 것이다. 선생님의 지침이나 수행평가 기준을 무시

했다가 나쁜 성적을 받아본 사람이라면 '맨땅에 헤딩'을 하지 못한다. 힘든 상황에 닥쳤을 때 자기 효능감이 높은 사람은 정면돌파를 시도한다. 반면 학습된 무기력에 익숙한 사람은 상황을 회피한다. Y세대가 어렵게 입사를 해놓고도 회사를 나가는 이유이기도 하다.

동료가 중요 vs. 리더가 중요

_____ 강의를 하다 보면 청중 가운데 이런 질문을 하는 사람이 반드시 있다.

"어느 시기에나 세대 갈등은 있기 마련인데 왜 유독 Y세대가 문제인가요?"

맞는 말이다. 어느 때나 세대 갈등은 있다. 고대 그리스 시대에도 '요즘 젊은 것들은 버릇이 없다'고 하지 않았던가. 그런데 왜 중요한 문제로 다루는 걸까? 여러 가지 측면에서 살펴봐야겠지만, Y세대에게는 동료보다 리더가 더 중요한 것이 하나의 이유가 된다.

문화심리학자 호프스테더는 1992년에 〈경영 이론

의 문화적 제약〉이라는 논문에서 왜 미국이 특히 리더
십을 강조하는지에 대해서 설명한다. 각 문화별로 중
요한 영향을 미치는 사람들이 다르다. 독일은 장인(匠
人)을 중요하게 생각하고 그들을 인정하고, 그렇게 되
기를 원한다. 지금은 국립발레단 예술감독으로 활동하
는 발레리나 강수진도 장인으로, 독일 주정부가 수여
하는 공로훈장을 받았다. 그에 반해 미국은 리더가 상
당히 중요한 역할을 맡는다. 반면, 일본의 경우는 동료
가 더 중요한 영향을 끼친다고 한다.

그는 미국에서 리더십이 연구되고 중요성이 강조되
는 이유를 학교의 '작은 학급'에서 찾고 있다. 한 반에
학생의 숫자가 적으면 선생님의 영향력이 학생에게 크
게 미칠 수밖에 없다. 따라서 학생들은 선생님의 지시
나, 피드백을 자주 받게 되는데 이 영향으로 직장에 와
서도 리더에게 선생님의 역할을 요구하게 된다는 것이
다. 그러나 학급당 학생 수가 많은 일본 같은 나라에서
는 선생님보다는 친구들이 더 큰 영향을 미치게 된다
고 한다. 친구들을 따라 하고, 그들과 유대를 형성하고
경쟁하면서 성장한다고 설명한다.

이는 문화적 환경이 비슷한 우리나라에도 적용될 수 있다. X세대의 학창 시절에는 한 학급에 학생수가 50~60명씩 됐다. 학교를 다니는 동안 선생님보다는 학우들과 훨씬 더 많은 영향을 주고받았으며, 그들 사이에 생성된 규범이 우선이었고, 선생님과의 관계보다 친구와의 관계가 더 중시되었다. 이는 조직에서도 마찬가지다. 이들에게는 리더가 그다지 필요하지도 중요하지도 않다.

X세대를 대상으로 자신이 상위 리더에게 무엇을 원하는가 물어보면 '권한위임'을 가장 먼저 꼽는다. 거칠게 말해 '내가 알아서 할 테니 좀 내버려두라'는 뜻이다. 그들은 진척 사항을 자주 묻고 조언하는 것을 원하지 않는다. X세대 직원에게 상사가 하지 말아야 할 것이 '마이크로매니지먼트(micromanagement)'다. 실제로 5~6년 전까지만 해도 권한위임이 리더십 교육에서 가장 큰 화두였다.

X세대가 리더 자리에 오르기 전에도 리더에게 원하는 바는 크게 다르지 않았다. 2000년에 서울대학교에서 모 대기업 직원을 대상으로 조사했는데, 베이비부

머 세대인 중간관리자에게 X세대 팀원들이 가장 원하는 것은 '사내 정치력'이었다. 자신들에게 무엇을 해달라는 것이 아니라, 리더가 사내 정치력을 키워서 부서 간 갈등을 정리하고 자신들은 일에 몰두하게 해달라는 것이다. 그들은 리더에게 자신의 성장을 맡기지 않고 동료들과 협업하고 경쟁하며 성장했다. 리더가 그들에게 미친 영향력은 크지 않다.

그에 비해 Y세대가 학교를 다닐 때는 한 학급의 학생수가 30~40명 정도였다. 게다가 앞서 말했듯이 중학교 때부터 선생님에게 밀착 평가를 받으면서 선생님은 매우 중요한 존재로 부상했다. 그러다 보니 회사에 입사해서도 상사를 선생님과 비슷한 존재로 여긴다. Y세대는 X세대 리더에게 칭찬과 인정, 소통, 동기부여를 원한다. 그러나 X세대는 선생님이 되고 싶은 생각이 없다. 그들은 자신이 자생했듯이 당연히 Y세대도 자생할 것이라고 생각한다. 그러나 Y세대에게는 리더가 필요하다. 이들은 선생님 없는 교실을 상상할 수 없다. 따라서 X세대는 본인들이 경험을 했든 그렇지 않든, 원하든 원치 않든 리더 노릇을 해야만 한다.

X세대는 불만을 토로한다. 나는 자상한 리더를 경험해보지 못했는데, 왜 내가 그렇게 해야 하냐고. 안타깝지만 어쩔 수가 없다. 이제 리더 역할을 하려면 세대 간의 차이를 모른 척할 수가 없다. 그리고 리더로서의 역할 행동도 X세대가 경험한 상사와는 상당한 차이가 있다. 그래서 X세대가 새로운 리더십 행동을 배워야 하는 것이다. 이는 X세대가 엄하고 무서운 아버지 밑에서 자랐어도 자기 자녀에게는 그렇게 대하지 않는 것과 같은 원리다. 강연 중에 농담 반, 진담 반으로 이야기한다.

"집에서 내 자녀를 그렇게 키운 업보라고 생각하세요."

차라리 그렇게 이해하는 것이 빠를 수도 있다.

도전 vs. 회피

_____ 요즘 리더들이 밀레니얼 팀원에게 듣는 말 중에 가장 받아들이기 힘든 것이 있다.

"제 일이 아닌데요."

"R&R을 분명히 해주세요."

조직에서 네 일 내 일이 어디 있으랴마는, 이런 요구를 자주 듣다 보니 정말 업무 정리를 명확하게 해야 하나 싶을 것이다. 하지만 그러자면 R&R(Role and Responsibility, 역할과 책임)만 정리하는 사람이 따로 있어야 할 것이다.

무엇보다 조직에서는 아무리 공정하게 일을 나눈다고 해도 종종 누구의 영역도 책임도 아닌 일이 존재할 수밖에 없다. 더구나 시시각각 변화하는 환경과 업무의 특성상 R&R을 분명히 나누는 일이 가능하지도 않다.

먼저 왜 이런 요구를 하는지 이해할 필요가 있다. 누군가 자신의 일이 아니라고 하거나 일을 회피하려는 태도는 버릇이 없어서가 아니라 두렵기 때문이다. 즉, 잘해낼 자신이 없기 때문이다.

매 학기마다 경영학과 4학년 대상의 수업을 마칠 때 수업과 관련하여 자신의 생각을 적어 내라는 과제를 주었다. 놀라운 것이 학생들 대부분이 자기의 생각을 처음 써봤다는 것이다. 중고등학교 다닐 때 글짓기 안 해봤냐고 묻자, 이들은 학교에서 하는 글짓기도 정해진 형식과 잘 쓰는 법이 따로 있어서 그것을 답습하는 것이지 자신의 생각을 쓸 필요는 없었다고 한다. 그들은 친구나 선후배와 서로의 생각을 주고받아야 할 시기의 대부분을 학원에서 침묵하며 보냈다. 그리고 학교에서 진행하는 수행평가는 정확한 가이드와 평가 기준이 있었고, 선생님은 친절했으며, 선생님이 알려주지 않는 것은 학원, 과외 선생님, 부모 등 누군가가 해법을 친절하게 알려주었다. 따라서 직장에서도 업무 지시가 그와 유사하게 전달되리라 생각한다. 그리고 그 정도의 구체적 가이드가 없으면 자신의 일이 아니라고 생각한다.

X세대 상사는 구성원이 알아서 일을 진행하고, 알아서 결과를 내리라 기대할 것이다. 왜냐하면 자신은 그렇게 성장했기 때문이다. 누가 가르쳐줘서 일을 한 것이 아니기 때문에 그저 지시만 내리면 얼추 비슷한 뭔가가 나올 것이라고 예상한다. 하지만 Y세대 구성원은 그렇지 않다. 평생 정답을 찾는 데 몰두한 그들은 지시가 내려오면 정답을 찾기 위해서 애를 쓴다. 그래서 질문도 많고, 이것저것 예시도 찾아보려 한다. 그래

도 답이 나오지 않으면 그들은 좌절한다.

안타깝게도 Y세대는 10대 시절에 창의력을 확장할 기회가 없었다. 입학사정관제를 도입한 한국 고등교육은 어쩌면 실패일 수도 있다. 입학사정관제 자체에 문제가 있는 것이 아니다. 미국은 100여 년을 이 제도로 학생들을 선발하여 잘 운영하고 있다. 명문대들은 수많은 천재 사업가와 노벨상 수상자를 배출한다. 우리나라에 맞는 입학사정관제가 만들어지지 않은 것이 문제다. 얼마 전에는 2:8에 이르는 정시와 수시 비율을 두고 정시 모집을 더 확대할 것인지 공방이 오가기도 했다. 정시는 수학능력시험 성적을 바탕으로 입학하는 것이고, 수시는 학종으로 선발하는 것이다. 정시 비율이 높아지면 예전 같은 입시 지옥이 되풀이될 것이고, 아인슈타인 같은 인재가 나올 수가 없으니, 수시를 지금 수준으로 유지해야 한다는 주장이 힘을 얻었다.

그러나 수시 비율이 이렇게 높아도 안타깝게도 입시 지옥은 사라지지 않았다. 그리고 아인슈타인 같은 인재는 20대에 두각을 나타낸다. 아인슈타인의 이론도 모두 그가 20대에 나온 것이다. 20대 이후에는 그것을 발전시키는 시간이다. 일반적으로 인간의 창의성은 30대가 되면서 급격히 떨어진다. 이미 수시 입학을 도입한 지 20년이 되었지만 우리나라에서 아인슈타인은 나오지 않았다. 오히려 학력고사와 수학능력시험으로 대학을 가던 세대는 세계적 선도 산업과 창의적 산업을 크게 일으켰고, 세계적인 예술가나 프로듀서도 많이 배출했다. 예전에 우리나라 청소년들은 수학 분야에서 세계적인 성과를 거두었다. 그러나 이제는 청소년 수학 올림피아드에서도 1위를 하지 못한다.

심리학자들은 말한다. 창의성을 발휘하기 위해서는 아무것도 하지 말아야 한다고. 창의성을 높이기 위해 Y세대는 잘 만들어진 교구와 장난감을 이용했다. 그 이전 세대는 자신들이 장난감을 스스로 만들고, 상상하며 놀았다. 우산이 집이 되고, 편평한 돌이 밥상이 되고, 꽃과 이파리가 반찬이 되었다. 서로가 역할을 맡아 그 역할을 상상하며 놀았다. 보자기를 목에 두르고 슈퍼맨 놀이를 하거나 굴러다니는 막대기로 칼싸움을 했다. 많은 교육심리학자들은 이미 만들어진 장난감은 오히려 아이들의 창의성을 저해한다고 말한다. 친절한 부모들은 장난감 의자를 보여주며 어린아이에게 "이건 의자야. 사람들이 여기에 앉는 거야"라고 설명해준다. 그런 설명을 듣지 않은 아이는 의자를 보고 여러 가지 궁리를 한다. 그 위에 화분을 올려놓을 수도 있고 옷을 걸어놓을 수도 있으며 앉을 수도 있다고 생각한다. 창의성이 강조된 교육을 받은 그들이 더 창의성이 없는 이유다.

업무에 대해 자신의 일이 아니라고 미루는 것은 사실 대부분은 자신이 없기 때문이다. 어떻게 해야 할지 모르기 때문이다. 상자 바깥으로 나가본 적이 없는 이들이 회사 업무에 있어서는 계속 상자 바깥으로 나가라고 요구받으니 회피하고 싶은 것이다. 학교나 학원 선생님은 친절하게 답을 알려주는데, 회사는 친절하지 않을 뿐만 아니라 정해진 답도 없다. 그러다 보니, 그 안에서 서로 답답한 상황이 생기는 것이다.

Y세대를 이해하고 싶은 X세대라면, 지금 자녀가 학교에서 어떻게 교육을 받고 있는지 들여다보면 어느 정도 짐작할 수 있을 것이다. 다섯 개 예시 가운데 답을 고르라는 오지선다에 갇혀 문제풀이만 습득하고,

쉬운 문제풀이만 반복한다. 심지어는 그 문제라는 것이 의미도 없고 풀이법이 틀린 경우도 많다.

한 시인은 자기가 쓴 시가 수능시험의 지문으로 나왔는데, 한 문제도 맞히지 못하겠다고 했다. 수능시험에 나온 영어 문제를 놓고는 영국과 미국의 영문학자가 '문제 자체가 성립하지 않는다'고 할 정도다. 영어 시험에서 만점을 맞아도 막상 미국에 가서는 한 문장도 자신 있게 말하지 못하는 사람이 많다. 한국은 이런 상황을 몇십 년째 반복하고 있다. 이제는 물건값도 바코드로 찍어서 계산해 두 자리 넘는 계산은 할 필요도 없는 세상을 살면서 사칙연산을 열심히 반복하고 있다. X세대가 모르는 사이에 교육은 이렇게 변했고, Y세대는 그 교육이 반영된 결과일 따름이다.

협력 vs. 내부 경쟁

_____ X세대의 특징 가운데 하나라면 개인주의를 꼽을 수 있다. X세대는 밀레니얼이 개

인주의적이라고 한다. 경제가 성장하면 이 개인주의는 필연적으로 생겨날 수밖에 없다. 우리 사회에도 이 개인주의는 자리를 잡아간다. 그러나 X세대의 개인주의와 밀레니얼의 개인주의는 색깔이 다르다. X세대의 개인주의는 자신의 자유와 개성을 누리기 위한 개인주의이다. 밀레니얼의 개인주의는 자신을 지키기 위한 소외에 가까운 개인주의다. 따라서 X세대는 협력해야 할 때는 적극적으로 협력한다. 자신들의 성취와 이익을 위해서는 어제의 적도 오늘의 친구가 될 수 있다고 생각한다. 산업이 성장하는 것을 보면 그것이 드러난다. 벤처 창업자들은 경쟁하는 듯하면서도 사실 협력한다. 다음을 품은 카카오와 네이버와 라인은 업(業)이 같다. 하지만 그 두 업체는 하나씩을 내주고 있는 듯하다. 카카오는 다음을 네이버와 경쟁시키지 않는다. 라인은 국내에서 확장하지 않고, 일본을 비롯한 아시아 시장을 공략한다. 연예기획사들도 그렇다. SM, YG와 JYP는 경쟁하는 듯하지만 판을 키우기 위한 일에는 협력한다. 각사 대표나 주요 프로듀서들은 오디션 프로그램에 나와 나란히 앉아 화기애애한 분위기를 연출한다. 서로 경쟁하면서도 동업자 정신이 있다. 주요 예능 프로그램을 보라. 강호동, 유재석, 신동엽. 20년째 이들을 제외한 새로운 얼굴이 없다. X세대는 큰 틀에서는 협력하며 판을 장악했다.

밀레니얼 세대는 앞서 이야기한 바와 같이 자신들끼리 연대하지 않는다. 대신 세대 안에서의 경쟁이 두드러진다. 물론 훌륭한 개개인은 있다. 피겨스케이팅의 김연아 선수나 수영의 박태환 선수는 우리나라에서는 불모지에 가까운 종목에서 세계적인 성과를 거두었다. 그러나 그들이 성장한 형태는 좀 다르다. 그들은 가능성을 발견하고 기존 시스템에서 벗어나 개인이 스스로 성장하는 것을 택하고 태능선수촌을 떠났다. 자신의 자본으로 세계적인 코치나 자신에게 맞는 코치를 고용하였다. 시스템 안에서 실력이 비슷비슷한 선수들끼리 경쟁하면서 함께 성장하지 않았다. 따라서 그들이 성장하고 난 다음에 시스템에 축적된 것이 없다. 협회와의 갈등은 언제나 뉴스거리다. 김연아의 피겨스케이팅, 박태환의 수영, 이상화, 모태범의 스피드스케이팅. 딱 그때뿐이다. 박세리 키즈나 박찬호 키즈라는 말이 생긴 것처럼 한 명의 스타가 새로운 길을 내는 모습을 밀레니얼에게서는 발견하기 어렵다. 밀레니얼 스포츠 스타들은 후배들에게 길을 내주거나 시스템을 만들지 않는다. 내가 잘되고 있으면, 후배들 불러서 밥도 사 먹이고 용돈도 주고 노하우도 전수하고 아는 에이전시에 한국 후배들을 소개하고…… 이런 역할을 하지 않는다. 그리고 선수의 고군분투만큼 부모의 역할이 더 두드러지는 것도 이들의 특징 중 하나다.

젠더 갈등

_____ 코칭 강의를 하다 보면 남녀 혐오가 심화되는 현상에 대해 질문하는 분들이 많다. 앞서 말한 대로 이들은 세대 안에서 경쟁한다. 그중에서도 남녀의 경쟁이 두드러지는 것을 알 수 있다.

밀레니얼은 여성 틈바구니에서 자랐다. 학교에는 과거에 비해 여성 교사의 비율이 더욱 높아졌고, 학원 선생님도 여성이 더 많다. 그리고 가정에는 엄마만 있다. 경제 성장기에는 근로시간이 긴 탓에 아버지는 거의 집에 없다. 그러다 보니 엄마의 돌봄과 관심, 그리고 잔소리에 익숙해 있다. 이는 돌봄을 익숙하게 여기게 되고, 한편으로는 남성의 여성에 대한 반감을 부추기게 된다. 남성은 자라면서 여성은 돌보고 배려해야할 대상이라는 말을 무수히 듣고 자란다. 그러나 그런 이야기를 하는 세대와 밀레니얼 세대의 남성과 여성은 굉장히 다른 사회적 지위에 놓여 있다.

왜 갑자기 여성 혐오가 증가했을까? 오랜 기간 이어지는 경제적 불황은 타인에 대한 관대함과 포용 대신 혐오와 배척을 부추긴다. 약자에 대한 탄압이 커지고, 그 대표적인 대상이 여성이 되기도 한다. 그러나 밀레니얼 안에서의 남녀 갈등은 조금 결이 다르다. 남성이 여성에 비해 억울한 측면이 많아졌다.

X세대까지만 해도 자신의 어머니를 보면서 여성에 대한 연민을 느꼈다. 집에서 가장 먼저 일어나 아침밥을 차리고, 도시락을 몇 개씩 싸는 어머니의 모습은 자식들에게 여러 가지 감정을 불러일으킨다. 안타깝지만 당시 어머니들은 많은 부분을 포기하고 희생했다. 가

전제품이 흔하지 않던 시절 집안 살림은 고되고, 더군다나 대가족 사이에서의 살림은 더욱 고되었다. 이런 어머니의 모습은 여성에 대한 존경과 미안한 마음을 갖게 하였다. 필자가 대학 시절 여성학 강의를 들을 때의 일이다. 교수가 여성의 노동을 돈으로 환산하자, 한 남학생이 "어떻게 어머니의 숭고한 희생을 돈으로 환산하느냐"라고 하며 강하게 반발하였다.

그러나 밀레니얼 세대가 경험한 어머니는 이런 모습이 아니다. 그들은 급식을 먹고 컸다. 새벽에 도시락을 싸는 어머니는 없고 저녁도 학교나 학원 근처에서 해결했다. 그리고 집안 살림은 다양한 가전제품 덕분에 한결 손쉬워진다. 겨울에 찬물로 손빨래를 하는 어머니는 더 이상 없다. 집안에서 여성의 지위는 상당히 향상된다. 여성의 가사노동 가치는 점점 떨어지는 동안, 가전제품을 사고 외식을 할 수 있는 자본의 힘은 더 커졌다.

그런가 하면 IMF 이후 일터의 상황은 더욱 나빠졌다. 평생직장도 없어지고, 수시로 명예퇴직이 일어나는 경쟁에서 견뎌야 한다. 밀레니얼이 보는 남성과 여성은 앞 세대가 본 남녀와는 다르다. 오히려 밤늦게까

지 일을 하고 파김치가 되어 돌아오는 아버지와 브런
치 카페에서 여유롭게 시간을 보내고, 자신을 학원에
데려다주고는 휴대폰만 들여다보는 엄마의 모습에서
누가 더 고생하느냐에 대한 생각은 그 이전 세대와 다
르다는 것을 느꼈을 것이다.

집안에서 자녀에 대한 어머니의 영향력은 매우 커
졌다. 거의 일거수일투족을 관여하는 집이 많다. 그러
면서 사춘기 자녀와의 갈등이 점차 커져갔다. 학교에
서는 남학생을 감당하지 못하는 여성 교사가 각종 평
가를 이유로 남학생을 통제하고, 집에서는 어머니가
학교 성적으로 옥죄며 그 역할을 맡는 경우가 흔하다.
남학생의 습성을 이해하지 못하고 무조건 억압하고,
야단을 치는 여성 권위자에게 남성들은 적대심을 갖게
된다. '약한' 여성에게 양보하고 배려하라고 하는 이야
기에 그들이 동의할 수 없는 이유다.

여성 중심의 학교생활은 여학생에게 유리할 수밖에
없다. 책상 앞에 오랜 시간 앉아 있고, 비교적 규율을 잘
따르는 여학생이 남학생보다 성적이 좋다. 2000년대 후
반, 미국에서는 소수 집단 우대 정책(affirmative action)의

일환으로 대학입시에서 남학생을 배려하는 정책을 만들었다. 우리나라도 여성의 대학 진학률이 더 높다. 그리고 남성은 대학에 들어가서 군대를 간다. 군대를 가고 싶어서 가는 남성이 얼마나 되겠는가. 그들이 군대를 다녀오면 여성 동기들은 그동안 해외 어학연수를 다녀오거나 취업과 관련한 여러 자격증을 따기도 한다. 그런 여성들을 상대로 남성들이 취업에서 함께 경쟁하고 밥그릇 싸움을 해야 한다.

어렵사리 취업을 해도 남녀 경쟁에서 비롯된 갈등은 여기서 그치지 않는다. 결혼을 하려면 집을 장만해야 한다. 앞 세대에 비해 집값은 터무니없이 높아졌는데, 이 무게를 남성에게 지우려는 결혼 풍습이 아직 남아 있는 탓이다. X세대까지는 남성에 비해 여성에게 교육의 기회가 적은 경우가 많았다. 대학에 진학하는 여성의 수도 남성에 비해 적은 편이었고, 직장 내에서도 입사와 승진에서 불이익이 상당했다. 남성이 군대에 갈 때 많은 여성은 일을 해서 집안 살림에 보태거나, 어린 동생을 돌보며 살림을 거들기도 했다. 그 시절에 여성은 배려와 돌봄이 필요한 존재였을 것이다. 그러나 지금 가정에서 남녀 차별이 벌어지는 경우가 얼마나 되겠는가. 그러다 보니 과거 기준으로 남성에게 여성을 배려하라는 가르침은 오히려 여성 혐오를 부추기고 이로 인한 남녀 간의 갈등도 증폭될 수밖에 없다. 독특한 것은 이들의 여성 혐오가 윗세대 여성까지 확장이 되지 않는다는 점이다. 이 역시 그들 안에서의 갈등이다.

숨겨진 공격성

_____ 리더들이 관심을 두는 것 가운데 하나가 직장인 익명 커뮤니티 블라인드다. 블라인드는 리더들 사이에서도 화제가 될 뿐만 아니라 기업도 이를 무시하지 못할 정도로 그 영향력이 커지고 있다. 대한항공의 '땅콩 회항' 사건이나 금호아시아나 회장의 '성희롱 미투'도 블라인드를 통해서 세상에 알려졌다. 그렇다 보니 회사에서는 리더들에게 블라인드를 모니터링하면서 조직관리에 신경을 쓰라고 한다.

하지만 그것을 보고 평정심을 유지하기는 쉽지 않

다. 차라리 보지 않는 편이 나을 수도 있다. 소수가 편향적인 생각으로 작성한 거친 말에 리더가 상처를 받고, 조직을 보듬고자 하는 마음을 포기할 수 있기 때문이다. 블라인드를 읽어본 리더들은 "겉으로 보면 다 그럭저럭 만족하며 회사에 다니는 것 같은데, 도대체 누가 그렇게 험한 말을 썼는지 정말 모르겠다"고 한다. 밀레니얼은 속마음을 잘 말하지 않을 뿐만 아니라 '회사어'와 '평상어'를 확실히 구분한다. 이전 세대와는 달라진 소통 방식이 블라인드의 활성화를 이끄는 가장 큰 이유라고 할 수 있다.

밀레니얼이 고통받고 불만을 가지는 이유는 다양하다. 한 개인의 성공과 실패의 원인을 오롯이 개인에게만 돌려서는 안 된다. 부자가 가장 많은 1950년대생은 그들의 노력도 있지만, 경제 호황기 특성상 거의 모든 사람들이 돈을 벌었다. 돈을 많이 버는 부자가 있으면 그들이 가는 음식점, 옷가게도 수입이 증가하는 이치다. 그들은 그들 세대의 취향을 소비한다. 따라서 부가 그 세대로 몰린다. X세대도 그렇다. 경제적으로 넉넉한 부모 세대가 조성한 환경 속에서 자라고 컴퓨터를 기반으로 소프트웨어와 서비스업으로 부를 키웠다. 반면 밀레니얼은 그 흥망성쇠의 사이클을 제대로 타지 못했다. 앞 세대보다 분명 덜 놀고 더 아끼고 더 노력하지만 그들의 삶은 그다지 넉넉하지 못하다.

그리고 그들은 자신의 공격성을 드러내지 못하도록 교육받았다. 선생님이 자신을 평가하기 때문에 불만이 있더라도 그것을 드러내지 않았다. 교사에게 자신에 대한 평가가 부당하다고 항의하면 교사는 고쳐주기도 하지만 다음에는 교묘하게 보복이 돌아오고, 그렇게 되면 자신이 입시에 손해를 볼 수밖에 없다는 것을 너무 이른 나이에 깨달았다. 상대 앞에서 사회적 미소를 짓는 것이 익숙하다. 그래서 그들은 익명 게시판을 사용하기 시작했다. 대학생들도 대나무숲◆ 같은 익명 게시판을 이용한다. 거기에 자신들이 가지고 있는 B급

◆ 트위터, 페이스북 같은 SNS에서 익명으로 소통하는 공간으로, 공동 계정 형태로 운영된다. 처음에는 관심사를 나누는 소통의 장으로 시작했으나 자신이 속한 공동체의 부조리를 폭로하는 역할로 확장됐다. '출판사 옆 대나무숲'이 시초가 되어 '방송사 옆 대나무숲' '시댁 옆 대나무숲' 등 유사한 계정이 연이어 등장했고 각 대학 대나무숲도 활발히 운영된다. 대나무숲이라는 명칭은 일연의 『삼국유사(三國遺事)』에 등장하는 장소로 "임금의 귀는 당나귀 귀"라는 비밀을 털어놓는 대나무 숲에서 유래했다.

정서부터 갖은 넋두리 그리고 불만들을 토로한다. 술 한잔 나누면서 상사 욕을 하며 스트레스를 날려버리던 X세대와 그 처리법이 다를 뿐이다. 물론 말보다 글로 써놓았을 때 충격적으로 부각될 수 있고, 오래 기억에 남기 때문에 더 부정적인 감정을 불러일으킨다. 하지만 밀레니얼도 어딘가에서는 해소해야 하지 않겠는가.

높아진 사회의식

_____ 정치권에서 20대에 주목하게 된 이유에는 그들이 '공정'을 중요하게 여긴다는 것을 발견하고부터다. 이들이 왜 공정을 원하는지는 앞에서 살펴봤다. 그들은 이처럼 사회적 가치에 무게를 둔다. 이들은 선진국에서 태어나서 다양한 사회문제에 관심을 보이고, 직접 행동하기를 원한다. 또한 이들은 자라는 동안 봉사활동을 해왔다. 그리고 논술을 대비하기 위하여 신문도 많이 읽고 시민의식도 높은 편이다.

현 시대 20대의 삶을 적나라하게 보여주는 영화〈소

공녀〉(2018)를 통해 그들의 일면을 엿볼 수 있다. 가사도우미를 하며 하루 4만 5000원을 벌고, 집이 없어서 친구네 집을 전전하는 가난한 20대 주인공도 헌혈을 한다. 그리고 연인이 싸우다가 여자친구가 다 먹은 핫도그 젓가락을 길에 집어 던지자 남자친구가 그것을 다시 집어서 들고 다니던 까만 비닐봉지에 넣는 장면이 나온다.

이들의 사회의식, 시민의식은 이전 세대보다 높다. 교육 수준이 높으니 당연한 이야기일 수도 있겠다. 그들은 사회 불평등에 민감하게 반응하며, 환경문제를 고민하고 직접 행동하기를 원한다. 그리고 자신이 어떻게 사회에 기여할 것인가 고민한다.

X세대 특징 중 하나는 활동이 두드러지는 정치인이 별로 없다는 것이다. 왜일까? 대부분의 인재들이 기업으로 갔거나 창업을 했다. 이들은 소위 데모나 야학, 농활과 같은 학생운동에 참여하는 비율이 낮았다. 학생운동 대신 동아리와 팬클럽 등의 문화를 누렸다. X세대의 사회 인식은 이전 세대보다 옅은 편이고, 그다음 세대보다도 낮게 보이기도 한다. 그렇기에 밀레니얼이

가지고 있는 환경, 인권, 사회적 기여와 같은 관심사를
세심히 읽어내지 못할 수도 있다.

밀레니얼과
웃으며 일하는 법

90년생이 일터에서 원하는 것

2010년 프랑스 인시아드 경영대학원에서 열린 경영 세미나의 한 장면이다. 그 자리에 모인 세계 각지의 리더와 학자들은 밀레니얼 세대에 대해 뜨겁게 논의했다. 어떤 이들은 중국의 '한 자녀 정책'이 낳은 소황제의 조직생활을 이야기했고, 앞 세대와 다른 젊은 세대의 '기가 막힌' 행태를 쏟아내기에 바빴다. 발표를 하던 프랑스의 한 명문 경영대학원 교수는 이렇게 정리하였다.

"X세대와 Y세대는 결과적으로 일터에서 원하는 것이 다르다. X세대는 일터에서 무엇을 원하는가? 그들은 돈과 성취, 그것만을 원한다. 다른 것은 없다."

이 순간에도 X세대는 모여 앉아서 일과 재테크에 대해 이야기할 것이다. 그들에게는 그것이 가장 중요하고 재미가 있다. 일은 하는 만큼 성취를 거둘 수 있었고, 돈은 버는 대로 투자를 하면 더 큰 돈으로 돌아왔다. 그게 그들이 살아온 방식이다. 그러나 밀레니얼은 다른 것을 원한다. 그들이 원하는 것은 무엇일까? 이 대목에서 강연장에 앉아 있던 100여 명의 '나이 든' 리더와 학자들은 기함을 토했다.

밀레니얼 세대가 직장에서 원하는 것은 바로 사랑이란다! 사랑, Love라는 단어에 우리가 알고 있는 뜻 말고 다른 게 더 있나 생각하며 다들 어리둥절했다. 하지만 맞다. 그리고 이것이 앞서 말한 『하버드비즈니스리뷰』에 실린 기사에서 언급하는 Y세대와 베이비부머 세대의 공통된 이슈이다. 사랑이라고 해서 사내 연애를 하고 싶다는 뜻이 아니다. 말하자면 애사심, 동료애, 인간애…… 이런 것이다.

예전 아버지 세대는 직장 동료들을 집에 자주 데리고 왔다. 변변한 자기 집도 없으면서 이사할 때마다 직장 동료들이 짐을 날라주고, 한밤중까지 집들이를 했다. 거나하게 취한 아버지가 회사 동료를 데리고 와서 자는 아이들을 깨워 용돈 주던 장면이 기억나지 않는가. 하지만 X세대가 직장생활을 하면서는 이런 것이 사라졌다. X세대는 이런 것을 좋아하지 않는다. 그들은 집들이 대신 회사 근처 횟집과 고깃집에서 하는 회식을 더 좋아한다. 밀레니얼 역시 조직에서 이런 끈끈함을 원한다. 그들도 가족과 같은 회사를 원한다.

그러나 그들이 원하는 가족 같은 회사는 X세대가 생각하는 가족과 다르다. 그들은 회사에서 상사들이 자신을 돌보아주고, 성장할 수 있도록 적극적으로 지지해주는 회사를 원한다. 바로 수평적인 직장 말이다.

밀레니얼이 원하는 일터

_____ 밀레니얼이 수평적인 직장 분위기를 원한다는 것은 어제오늘 일이 아니다. 2015년 조선일보에서 조사한 일터에 대한 세대별 소망에서도 이미 변화를 읽을 수 있다.

	1위	2위	3위
20대	인간적이며 서로 존중하는 수평적 직장(31%)	비전 공유하며 성장하는 직장 (25%)	일과 가정의 양립 가능한 직장 (18%)
30대	인간적이며 서로 존중하는 수평적 직장(28%)	일과 가정의 양립 가능한 직장 (25%)	매출이 늘고 안정돼 수입이 많이 오르는 것 (23%)
40대	매출이 늘고 안정돼 수입이 많이 오르는 것 (37%)	비전 공유하며 성장하는 직장 (17%)	인간적이며 서로 존중하는 수평적 직장(14%)
50대	매출이 늘고 안정돼 수입이 많이 오르는 것 (36%)	비전 공유하며 성장하는 직장 (16%)	인간적이며 서로 존중하는 수평적 직장(12%)
60대 이상	매출이 늘고 안정돼 수입이 많이 오르는 것 (34%)	비전 공유하며 성장하는 직장 (19%)	인간적이며 서로 존중하는 수평적 직장(7%)

출처: 조선일보, 2015

20, 30대는 '인간적이며 서로 존중하는 수평적 직장'을 원한다. 리더가 구성원을 자신들이 원하는 대로 교육시키는 것이 아니라 존중하고, 서로 인간적으로 대하는 수평적인 회사를 원한다. 20대는 돈에 대해 언급하지 않는다. 반면 40대 이상의 X세대와 베이비부머의 관심사는 자신이 속한 조직의 성공과 자신의 수입에

있다. 이런 결과를 보고 리더들은 묻는다. 그런데 왜 회식이나 단합 대회를 하려고 하면 젊은 친구들이 그렇게 싫어하냐고. 이유는 간단하다. 세대 불문하고 말이 통하지 않는 사람들과 시간을 보내고 싶은 사람은 없다. 밀레니얼은 이야기하고 싶은 주제도, 먹고 싶은 음식도 X세대와 다르다. X세대는 고기 구우며 직장 얘기, 재테크 얘기, 간혹 자식 얘기나 하다가 지쳐 쓰러질 때까지 술 마시는 것을 좋아한다. 그러나 밀레니얼은 직장보다는 개인적인 이야기를 좋아한다. 재테크 얘기를 하면 거리감만 느낀다. 30대 중반이 되도록 결혼하지 않아 자녀가 없는 사람들도 많다. 그리고 부어라 마셔라 하며 정신없이 노는 문화에도 익숙하지 않다.

그들은 서로에 대한 인간적 관심을 바탕으로 친하게 지내고 싶어 한다. 인간적이며 서로 존중하는 수평적 직장을 원한다. 밀레니얼은 돌봄과 관심을 많이 받고 자란 세대이기 때문에 직장에서도 그러한 관심과 사랑을 받고 싶어 한다. 그런데 그것이 좌절되면 아예 등을 돌려버린다. 사랑을 줄 생각도 없는 사람에게 사랑을 계속 원하는 것처럼 슬픈 일이 어디 있겠는가. 이들도 일터에서 통하지 않는 것을 아는 것이다.

X세대가 회사에서 원하는 것은 다음과 같다. 그들은 경쟁 속에서 개인의 발전만이 살아남을 유일한 길이라 여기며, 매출이 올라 자신의 수입도 늘기를 가장 바란다. X세대는 많이 일하고 많이 벌고자 한다. 그리고 그들은 갈등을 두려워하지 않는다. 오히려 갈등을 즐긴다.

그러나 밀레니얼은 다르다. 적당히 일하면서 자신이 개인적으로 발전한다고 느껴야 한다. X세대가 가장 강조하는 기업의 성과와 성과에 따른 보상은 하위에 위치한다. 회사 매출이 오른다고 해서 직원에게 나누어줄 것도 아니기 때문에 회사 매출은 그들에게 관심사가 아니다. 오히려 그들은 사회에 기여한다고 느낄 때 더 동기부여가 된다. 인류를 향한 사랑이든 조직에서 함께 일하는 사람들 사이의 사랑이든, 그들은 평화롭고 따뜻한 직장을 원한다.

한 회사에서 워크숍을 했는데, 정성스럽게 간식을 싸 오는 사람들은 베이비부머 아니면 밀레니얼이었다고 한다. 남녀를 불문하고 X세대가 아기자기한 간식을 싸 오는 일은 별로 없다. 가까운 곳에서 사 올지언정.

이런 준비가 부담스러운 X세대는 간식을 싸 오지 말고 당번 정해서 사 오자고 제안하는 편이다.

밀레니얼의 동기부여

_____ 2019년 잡코리아가 밀레니얼 세대를 대상으로 동기부여 요인을 묻는 설문을 진행했다. 그 결과를 보면 그들은 일을 하면서 개인의 역량이 발전되는 것을 체감할 때, 즉 경쟁력이 향상될 때 가장 크게 동기부여가 된다고 꼽았다. 그다음으로 워라밸이 가능한 정도의 적당한 업무량을 원했으며 3위로 직장 내 상호 우호적이고 유연한 분위기를 원하는 것으로 나타났다. 그들은 사랑을 원하고 갈등을 불편해한다. 위에서 내리꽂는 업무 지시 방식이 아니라, 왜 이 일을 해야 하는지 친절하게 설명을 해준다면 훨씬 동기부여가 될 것이다.

4, 5위로는 일이 재미있을 때와 사회에 기여한다고 느낄 때라고 답했는데, 다시 말하면 일에서 의미와 가

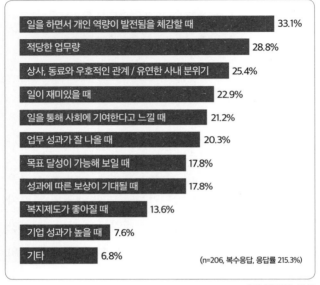

〈밀레니얼은 언제 동기부여가 되는가?〉

일을 하면서 개인 역량이 발전됨을 체감할 때	33.1%
적당한 업무량	28.8%
상사, 동료와 우호적인 관계 / 유연한 사내 분위기	25.4%
일이 재미있을 때	22.9%
일을 통해 사회에 기여한다고 느낄 때	21.2%
업무 성과가 잘 나올 때	20.3%
목표 달성이 가능해 보일 때	17.8%
성과에 따른 보상이 기대될 때	17.8%
복지제도가 좋아질 때	13.6%
기업 성과가 높을 때	7.6%
기타	6.8%

(n=206, 복수응답, 응답률 215.3%)

출처: 잡코리아, 2019

치를 찾을 수 있을 때 동기부여가 일어난다는 뜻으로 해석할 수 있다. 이들은 어느 세대보다도 자기가 하는 일의 의미를 가장 중요하게 생각한다. 의미 있는 일을 할 수 있다면 직위가 낮아지거나 임금이 다소 줄어든다 해도 감내할 준비가 되어 있다.

밀레니얼 세대는 성과에 대한 보상을 원한다는 답

변이 현저히 낮으며, 이는 낮은 직급으로 갈수록 더욱 뚜렷해지며 오히려 승진을 부담스러워하기도 한다. 개인의 성장과 적당한 업무량, 우호적인 분위기 등을 선호하는 것으로 나타나는데, 이는 X세대가 치열하게 많이 일하고 큰 성과를 내고 그만큼의 보상을 받고 싶은 것과는 정반대의 결과이다.

기존 방식대로 동기부여하려고 했는데 효과가 없다면 달라진 기대를 반영하여 다시 판을 짜는 것이 필요하다.

일의 의미와 동기부여

그렇다면 어떻게 동기를 부여해야 하나? 사실 그들도 잘 모른다. 소통, 칭찬 등을 이야기하지만 그것만으로 충분하지 않다. 리더는 원하는 것을 해주는 사람이 아니다. 원할 만한 것을 만들어주어야 한다. 밀레니얼 세대를 동기부여하는 데 가장 중요한 키워드를 꼽는다면 '비전'과 '관계'라고 할 수 있다. 비전은 목표의식, 의무감, 보람, 성취 등과 관련이 있다. 이는 일반적으로 리더십에 있어서 핵심이 되는 요소다. 특히 밀레니얼에게는 더 중요하게 작용한다. 두 번째는 사랑, 즉 관계다. 우호적인 관계는 동기부여에 효과적이다. 그들도 당연히 일터에 적응해야 하고 비즈니스 상황에 적응해야 한다. 그 과정을 먼저 겪은 이들이 도와준다면 더욱 빠르게 안착하고, 더불어 조직 분위기 역시 좋아질 것이다. 이 두 가지 키워드로 이야기를 풀어보자.

동기부여

_____ 어떻게 밀레니얼의 동기를 유발하여 함께 일할 수 있을까, 하는 질문은 이렇게 바꿔보면 답을 찾기 수월해진다. 그들과 함께 일하기 위해서 중간관리자들은 어떤 리더십을 발휘해야 할까, 라고 말이다.

조직에서 밀레니얼이 맞닥뜨린 가장 근본적인 어려움은 성장하는 동안 능동적으로 목표를 세워볼 기회가 없었던 데서 기인한다. 그들은 당장 눈앞에 보이는 평가에만 집중했고, IMF에 타격을 입은 부모들은 안정적인 직장을 갖는 것이 제일 중요하다고 강조하였다. 또한 특목고를 목표로 둔 아이들은 중학교 이전부터 미래가 결정된 것처럼 훈련받았다.

X세대가 성장할 때는 부모가 그들의 진로 계획에 거

의 관여를 하지 않았다. 배운 것도 많지 않고 가난했던 그들의 부모는 '훌륭한 사람이 되어라' '판검사가 되어라' 하며 막연한 바람만 전할 뿐, 그 과정에는 관여할 줄도 모르고 그럴 겨를도 없었다. 그저 정성을 다해 도시락을 싸주며, 선생님 말씀 잘 들으라는 말을 전할 뿐이었다. 그러나 Y세대는 진로 계획에 부모가 아주 깊숙이 관여한다. 비전은 제시하지 않는다. 왜냐하면 그것은 '성적'에 달려 있기 때문이다. 수시로 나오는 성적에 따라서 꿀 수 있는 꿈과 꿀 수 없는 꿈은 정해져 있다. 의사나 공무원, 대기업 입사 등 안정적인 몇 개의 답안지만 들이밀고 과정에 개입한다. 끊임없이 마이크로매니지먼트를 한다. 리더십 관점에서 최선의 리더는 비전을 제시하고 지지해주며 과정에 관여하지 않는 유형이다. 그 반대로 최악의 리더라면 비전 제시는 없으면서 세세하게 관여하는 사람이다.

한 회사에서 입사 6개월 정도 된 신입사원들을 대상으로 워크숍을 진행할 때였다. 퇴사율이 높아서 특별교육을 요청한 기업이었다. 교육장에서 신입사원에게 질문을 던졌다.

"지금 하고 있는 일이 의미 있다고 생각하나요?"

대답은 예상대로였다.

"하나도 의미 없어요."

"매일 쓸데없는 일만 하고 있어요."

"왜 하는지 모를 일들만 억지로 하고 있어요."

그들의 답변을 듣고 다시 물었다.

"그럼 본인에게 의미 있는 일은 무엇인지 정의되어 있나요?"

교육생들은 의아한 표정을 지었다. 그들은 국가의 동력이 되는 신사업을 기획하고 론칭하는 일을 진두지휘하는 정도는 되어야 의미 있는 일이라고 생각하는 것 같았다. 그런데 일의 의미는 결코 객관적으로 정해지는 것이 아니며, 무엇보다 외부에서 부여하는 것도 아니다. 일의 의미는 본인이 정의하는 것이다.

미국에서는 1년에 400명 이상의 의사가 자살한다. 충분히 의미 있는 일을 하는데 왜 그런 결과가 있을까? 아무리 외부에서 의미 있다고 해도, 본인이 의미를 느끼지 못하면 의미 없는 일이 된다. 반면에 아주 작은 일에서도 의미를 찾을 수 있다. 몇 년 전 한 국회의원이 '학교

급식조리사들이 무슨 의미 있는 일을 하기에 정규직화를 추진해야 하는가'라는 의미의 발언을 한 적이 있다. 학교에서 급식이 이루어지고, 급식이 원활하게 진행될 수 있도록 조리사들이 활동한 덕분에 부모가 안심하고 사회 참여를 더욱 활발하게 할 수 있게 되었다. 도시락을 싸는 일이 어디 보통 일인가. 급식 공급은 양성 평등에 지대한 공헌을 하고 있다. 오늘도 그분들 덕분에 부모는 아이의 끼니 걱정을 하지 않아도 된다. 일하는 부모에게는 웬만한 고객보다 더 감사한 존재다. 급식 일도 개인이 의미 있게 느끼면 의미 있는 일이다.

일의 의미

_____ 일의 의미는 어떻게 발견할 수 있을까? 보통 개인의 '비전'과 '가치'에서 온다. 두 가지 모두 주관적이기는 하다. 앞에서 언급한 워크숍 참가자들도 자신의 비전과 가치를 정의하면서 자신에게 의미 있는 일을 정의할 수 있게 되었다. 그러면서 상당수가 현재

하고 있는 일의 의미를 발견하고 자신의 행동 변화의 필요성을 자각하게 되었다. 대학생들을 대상으로 10년 후의 모습을 상상해서 써보라고 하면 마치 서로 보고 베낀 듯이 대부분 비슷하게 쓴다. 우선 모두 결혼을 했고, 30평대 아파트를 소유하고 있으며, 중형차를 탄다. 이것이 그들의 미래라고 한다. 그들은 곧 취업 준비를 하면서, 그리고 사회생활을 시작하면서 그들이 주입받은 이상적인 미래가 얼마나 터무니없는지를 알게 될 것이다. 이것은 X세대에게는 충분히 실현 가능한 기본적인 비전이었다. 그러나 어느 순간 정말 '큰 꿈'이 되었다. 부모는 자는 아이를 깨워 학원에 보내고 게임을 끄고 공부하라고 다그치며, 그 꿈을 향해 가라고 채찍질한다. 이것은 비전이 아니며 사회적 족쇄에 불과하다. 그러나 사람들은 이것이 비전이라고 착각하고, 더 이상의 비전을 만들거나 추구하려 들지 않는다.

가치도 마찬가지다. 지금은 살아남는 생존이 가장 중요한 가치로 꼽힌다. 저성장, 저물가, 저금리 시대를 통과하는 모든 이에게 생존은 그 자체로 가치가 있을 수 있다. 그렇다 보니 다른 중요한 가치에 대해서 깊이

119

있게 생각해볼 겨를이 없다. 대단한 것이 아니라도 가족을 부양한다거나, 기존의 일하는 방식을 바꿔본다거나, 좋은 사람들과 건강한 관계를 만들어간다는 정도의 가치조차 생각해보지 못한다.

심리학자들은 말한다. 섹스와 돈은 충족되지 않으면 다른 것을 생각하지 못한다고. 경제적 불안 속에서 어쩌면 가치를 정의하고 추구하는 것이 어려운 것은 당연할 수 있다. 그러나 이제 굶어 죽을 정도의 가난은 없다. 복지제도는 나날이 좋아져, 굶어 죽거나 길에서 얼어 죽는 일은 드물다. 어차피 돈이라는 것은 아무리 가져도 부족하게 느껴진다. 대한민국은 이제 절대빈곤에서 벗어났다. 즉, 비전과 가치를 추구할 수 있는 수준이 되었다는 뜻이다.

이런 상태에서 비전과 가치를 정의하는 것이 선행되지 않으면 그 어떤 행위도 의미 없고 지루하고 고통스러울 것이다. 그러다 보면 점차 무기력해진다. 우선 리더가 밀레니얼과 함께 비전과 가치를 정의하는 일을 해야 한다.

비전과 가치가 바르게 정립되어 있으면, 누가 열심

히 일하라고 종용하지 않아도 스스로 열심히 하게 된다. 근로시간 단축에 관한 논의가 선진국을 중심으로 계속되고 있고 우리나라도 주52시간 근무제*를 법으로 정하고 있다. 하지만 미국 실리콘밸리와 중국 선전에 가면 두뇌 회전이 빠른 20대들이 잠도 안 자고 카페인 음료를 들이키면서 미친 듯이 일한다. 체력이 좋은 데다 창의력도 넘치고 패기도 있다. 일반 기업이 도저히 따라갈 수 없는 일 처리 속도라고 한다. 마치 지난 1980~90년대 한국의 모습을 보는 듯하다. 미국 대학생들에게 희망 직장을 적어내라고 하면 10위 안에 평화유지군이나 저소득층 아이들을 거의 무상으로 가르치는 비영리조직 'Teach for America'가 들어간다. 수입이 적더라도 자신의 가치를 실천하기 위해서 그들은 젊음을 바치고 싶어 한다. 무엇이 그들을 그렇게 일하게 하는가. 바로 비전이다.

◆ 주52시간 근무제는 1주일당 법정 근로시간을 기존의 68시간에서 52시간으로 줄인 근로 제도를 말한다. 2018년 7월부터, 공공기관과 300인 이상 민간사업장을 대상으로 시행되었고 주52시간 근무제에서는 휴일 근로가 연장 근로에 포함된다.

비전을 어떻게 만들까?

비전(Vision)을 우리말로 바꿔보면 1차적으로 시각, 시야, 보는 것을 뜻한다. 그러나 리더십에서 말하는 비전은 보통 보이지 않는 것을 보는 것을 말한다. 비전의 중요성에 대해서는 수많은 책에서 강조되었다. 리더십 학자가 리더에게 가장 중요한 역할을 꼽는다면 '비전 제시'를 선택할 것이다. 비전이라는 것은 미래의 모습이다. 좀 더 구체적으로는 우리가 추구해야 할 미래의 모습이다. 이것은 우리가 여행을 어디로 갈 것인지를 계획하고 준비하는 것과 같은 과정이다.

예를 들어보자. A는 자기가 그동안 모아두었던 돈

에 조금 더 보태고 이번 겨울에 휴가를 길게 내어 자신이 꿈꾸어오던 오로라를 보러 가겠다고 목표를 세우고 구체적으로 준비하기 시작했다. B는 1년에 한 번 가는 휴가지만 딱히 어디를 가야 할지도 모르겠고 계획도 없다.

A는 대학 시절 우연히 TV에서 오로라 여행지를 보았다. 그는 오로라에 매료되어 어떻게 하면 그곳에 갈 수 있을지, 그때부터 정보를 수집하기 시작했다. 제법 비용이 들고 왕복 여정도 만만치 않다는 것을 알게 되었다. 대학생에게는 말 그대로 꿈이지만 취직하면 돈을 모아서 오로라를 보러 가겠다고 마음먹었다. 그러면서 계속 상상했다. 오로라를 보려면 어디로 가야 하는지 어떻게 가야 하는지, 틈이 나면 인터넷을 검색하며 오로라 보러 가는 그날을 꿈꾸었다. 오로라를 볼 수 있는 여행지는 며칠 내에 오갈 수 있는 거리가 아니었다. 그리고 기왕 멀리 가는 거, 2주 정도 휴가를 내서 주변 여행지도 둘러보면 좋겠다고 생각했다. 그는 머릿속으로 이미 캐나다나 아이슬란드를 며칠씩 사전 답사를 한 기분이었다. 그는 취직을 하면서 적금

을 들었다. 통장에 '아이슬란드 여행'이라고 적었다. 그리고 차근차근 돈도 모으고, 연차를 연휴와 붙여서 오로라를 잘 볼 수 있는 시기에 갈 수 있도록 계획을 짰다. 비싼 옷을 사고 싶거나 돈을 쓰고 싶을 때는, 지금 이 돈을 아끼면 아이슬란드에서 무언가를 더 할 수 있다며 자신을 달랬다. 좋은 정보를 얻을 수 있을까 싶어 만나는 사람들에게 자신의 계획을 이야기하기도 했다. 그때 거래처 담당자가 이미 그곳에 다녀왔노라며 자신의 경험을 나누고, 자신이 보던 가이드북과 남겨 온 현지 돈을 건네주기도 했다. 그렇게 둘은 만날 때마다 여행 이야기를 나누다 보니 굉장히 가까운 사이가 되었고, 오로라 관광 이후의 삶에 대한 계획까지 나누게 되었다. 생활이 무료할 때면, 괜히 여행 사이트에 가서 비행기 스케줄과 가격을 찾아보기도 했다. 그리고 드디어, 적금도 만기가 되고 연휴와 회사 스케줄을 조정하여 2주간의 휴가를 받을 수 있게 되었다. 미리미리 계획하여 저렴한 숙소도 예약하고, 이미 여행 루트도 다 짰다. 그는 그렇게 오로라를 보러 아이슬란드로 떠났다.

B는 회사에서 휴가 계획을 내라고 하자 고민이 되었다. 그날 저녁 술자리에서 만난 고등학교 동창들은 요즘 베트남 여행이 유행이라며 추천한다. 본인도 베트남을 가볼까 하자, 한 친구가 경비도 절약할 겸 같이 가자고 하여 그러기로 약속한다. 성수기는 학생들 방학과 맞물려 결혼한 선배들이 먼저 휴가를 내놓았다. 자신은 어차피 아이도 없으니 그나마 조금 저렴한 시기인 7월 초에 가볼까 한다. 그렇게 결정하고 자료를 찾아보니 요즘 베트남에 사람이 몰려 현지 물가가 결코 싸지 않고, 여름에 여행하기에는 너무 덥다는 후기들이 계속 신경이 쓰인다. 위생 문제로 고급 식당을 이용하면 동남아 여행의 가장 큰 장점인 저렴함도 누릴 수 없다. 게다가 비행기와 호텔도 생각보다 저렴하지 않았다. 그러나 남들 다 가는 휴가이니 어쩌겠는가. 왠지 가는 날짜까지 썩 내키지가 않는다. 가면 뭘 할지는 함께 갈 동행이 계획하기로 했다. 그런데 취향이 좀 다른 것 같다. 과연 함께 잘 지낼 수 있을지도 걱정이다.

이것은 비전이 있는 사람과 그렇지 않은 사람의 한

예다. 설레는 목표가 있는 사람은 그것을 이루는 과정에서 큰 즐거움을 느끼고 자신의 선택에 분명한 기준이 있으므로 행동을 선택적으로 할 수 있으며 모든 행동에 의미를 부여할 수 있다. 일에서도 마찬가지다.

같은 회사, 옆자리에 앉아 있는 사람들. 겉으로 보기에는 비슷해 보이지만 그들의 마음에 비전이 있느냐 없느냐는 그들의 행동과 일의 결과를 다르게 한다. 어느 조직에나 자신의 비전을 구체적으로 정의하고 조직에서 그것을 이루려고 하는 사람이 있다. 또 조직의 비전에 동의하거나, 자신의 비전과 접점을 찾아 조직과 자신이 모두 윈윈하는 전략을 가지는 사람도 있다. 이런 사람은 많아야 30% 정도다. '일터에서의 동기부여' 연구의 대가인 하버드 경영대학원의 매클러랜드 교수는 그 어떤 조직도 비전을 가지고 동기부여하는 사람이 전체에서 30%를 넘지 않는다고 한다. 여러 통계를 봐도 그렇다. 심지어 개미도 그렇다고 한다. 모두 부지런히 움직이지만 실제로 일하는 개미는 30%에 불과하고, 그 30%를 골라내면 거기서 또 30%만 일을 하게 된다고 한다. 이를 어떤 진화학자는 100%가 그렇게

다 움직이게 되는 종은 피로가 동시에 몰려와서 결국 그 종이 멸망했기 때문에 100%가 구동하는 그룹은 존재하지 않는 것이라고 설명하기도 한다. 리더의 입장에서 조직 내에서 구체적인 비전을 가지고 있는 사람의 비율을 30%까지 높이는 것이 할 수 있는 최선이다.

그리고 어떤 조직이나 극단에 10%는 존재한다. 아무리 최악의 상황이라도 희망을 가지고 상황을 개선하려는 10%가 있다는 것이다. 망해가는 회사에도 이 10%는 존재한다. 그리고 반대도 그렇다. 아무리 좋은 조직이라도 거기서 불만을 가지고 훼방을 놓는 10%가 반드시 존재한다. 이 10%를 제거하면 멀쩡하던 사람이 그 10%로 부상을 한다. 그 사이에 있는 사람들은 상황을 보며 흐름을 타는 사람들이다. 그래서 리더가 해야 할 일은 결국 비전으로 동기가 유발되는 사람을 20~30% 선까지 끌어올리는 것이다. 그러면 중간에 위치한 사람들이 열심히 하는 시늉이라도 한다. 그러다 보면 전반적인 조직의 역량 수준이 올라간다. 그러나 이런 사람들의 비율이 10%로 낮아지면 어둠의 세력이 득세하게 된다. 조직의 역량을 끌어내리려고 하는 하위 구성원의 비율이 20~30%가 되면 중간에 있는 보통 사람들에게도 영향을 미쳐 뭘 해도 안 될 거라는 패배주의와 염세주의가 조직을 장악해버린다. 그러면 정말 뭘 해도 안 된다. 따라서 리더는 모두의 동기를 유발시킬 수도 없고, 그렇게 할 필요도 없다. 요즘 가장 컨디션 좋고, 뭔가 열심히 할 것 같은 사람들을 10%만 집중적으로 비전을 제시하고, 동기를 불러일으키려고 애를 쓰면 좋다. 물론 이것이 다른 사람들의 눈에 띌 정도로 두드러지면 안 된다. 쓸데없이 질투를 불러일으킬 수 있기 때문이다. 그러면 원래 긍정적인 10%와 이 10%가 더해져 조직의 분위기를 바꾸어서 열심히 하는 팀을 만들게 한다.

그렇다면 어떻게 구성원과 비전에 관하여 이야기를 하면 좋을까? 실제로 강연에서 이론적인 설명보다 필자의 경험을 예로 들면 더 효과가 있었기에 이를 나누고자 한다.

삼성전자에 갓 입사했을 때 필자의 리더들이 해준 이야기를 아직도 기억한다. 한 임원이 다음과 같이 말한 적이 있다.

"현정 씨, 한직이라고 알아, 한직? 한가한 직이겠지. 회사에도 한직이 있어. 거기에 발령이 나면 아, 나는 회사에서 곧 잘리겠구나 생각하면 돼. 문 열면 바로 집이야. 몇 년 전까지만 해도 인사팀이 그런 한직이었어."

필자는 당시 인사팀 교육 부서에 입사를 했다.

"그런데 인사팀도 못 가는 사람들이 발령받는 데가 어디였는지 알아? 바로 교육 부서야."

나는 깜짝 놀랐고 임원은 말을 이어갔다.

"그런데 말이야, 이제는 많이 바뀌었어. 우리가 IMF 이후에 조직을 바로 세우기 위해서 인사팀장 직속으로 본사에 교육 조직을 3개 신설했어. 그리고 교육에 엄청 힘을 실어줬지. 그래서 요즘에는 똑똑한 신입사원들이 교육 부서에 오겠다고 신청을 많이 해."

얼마 후 담당 사수인 과장이 이야기를 이어갔다.

"그런데 말이야, 우리는 더 성장해야 해. 현정 씨, 우리 회사 교육 부서에서 가장 높은 사람이 누구야? 우리 부장님이야. 즉, 교육하는 사람은 부장까지밖에 못 올라가. 임원에 못 돼. 그런데 방법이 있어. 바로 연수원을 짓는 거야. 연수원을 지으면 거기 연수원장이 보통 부사장급이야. 그래서 우리가 연수원을 지어야 하는데, 그게 우리가 나선다고 회사에서 허락해주겠니? 몇백억씩 하는데."

과장님은 교육 부서가 진행하는 교육이 매출에 직접적인 영향을 준다는 것을 증명해야 한다고 했다. 그것이 좋은 프로그램을 만드는 것이고, 실제로 IMF 이후에 리더십 프로그램이 조직을 안정화하는 데 많이 기여를 하고, 지금은 많은 이들이 선호하는 부서가 됐다고 했다. 고용이 불안한 시기에 직원 교육을 지속하는 것은 '회사가 나를 버리지는 않겠구나' 하는 신호가 되기도 한다. 그리고 승진에 교육 이수 시간을 필수로 넣어서 직원들을 교육에 많이 참여하게 해야 조직에 힘이 생긴다고도 말했다. 정말 좋은 교육을 만드는 것, 우리 회사만을 위한 최적의 프로그램을 만드는 '교수 조직'이 되어야 한다고 강조했다.

"그래서 우리는 교수야. 현정 씨도 이제부터 교수야!"라고 말씀했다. 그러고는 그럼 어떻게 하면 좋은 프로그램을 만들 것인지 생각해 오라고 했다. 나는 그가 말한 "우리는 교수야"라는 말을 그다음에도 끝없이 들었다. 인사팀장도 우리를 '교수 조직'이라고 말했다. 교수이기 때문에 강사에게 차 대접을 하지 말고, 멀리 마중이나 배웅도 나가지 말고, 강사 대기실에서 인사 정도만 하라고 당부했다. 강의 갈 때는 기사 딸린 차를 타고 가라고 하면서, 운영 전문 인력을 채용했다. 그 덕분에 교육 부서에 들어가면 가장 먼저 해야 한다는 책상 옮기고 교재와 볼펜 준비하는 일을 나는 전혀 하지 않았다. 당시 과장님이 나에게 말했다.

"좋은 프로그램 많이 만들어서 우리가 연수원 지으면 현정 씨가 연수원장, 부사장 해라."

상사에게 그렇게 대접을 받으니 내 자신이 정말 교수로서 무언가를 해야 할 것 같았다. 입사한 지 얼마 되지 않았을 때 누군가 교육 부서에서 무엇을 하고 싶냐고 물으면 교육 개발과 강의를 하고 싶다고 말했다. 당시로는 과장 정도는 되어야 그 일을 맡을 수 있었다. 하지만 연수원을 짓는 것과 교수 조직으로의 성장을 부서의 비전으로 갖게 되자, 강의 개발과 강의는 예상보다 훨씬 이른 시기에 이루어졌다.

특기인 심리검사를 통한 리더십 개발 프로그램을 짰다. 당시 심리학에 대한 지식과 상담심리학에서 배운 전달 기술 등에 대해서는 제법 이론을 갖추었지만 세부 내용에 대한 전문성은 부족했다. 회사에서는 나에게 전문가를 붙여주었다. 전문가와 한 달여를 함께 작업하여 100여 장의 교안(敎案)을 만들었다. 또한 리더십을 배우기 위해서 연세대학교 경영대학원에서 리더십을 가르치는 교수님에게 개인적으로 연락을 드려 청강을 허락받았다. 그렇게 입사한 지 6개월이 되지 않아서 보직 부장들을 대상으로 하는 리더십 강의에 설 수 있었다.

담당 임원은 매년 핵심성과지표인 KPI(Key Performance Indicator)에 연수원 수립을 목표로 수립했고, 나는 좋은 리더십 프로그램을 개발하는 것을 목표에 넣었다. 입사한 지 1년이 되지 않아 국내 사기업 최초로 여성 리더십 프로그램을 기획·개발했다. 전체 팀이 비전을 함께 공유하며 이를 향해 나아갔기에 가능한 일이었다. 물론 이에 대한 반대가 엄청나게 컸다. 여성 리더도 일반 리더인데, 왜 여성에게 기회를 주어 역차

별을 하느냐는 불만을 시작으로 상상도 못 한 다양한 저항에 부딪혔다. 인사팀장께서도 나의 계획에 동의하지 않았지만 결제는 해주었다.

어떻게든 성공을 이끌어내야 했다. 여성부 장관을 강사로 초대하기도 하고, 인맥을 동원하여 사회적 이슈를 형성하는 여성 리더도 섭외하였다. 연극배우들이 참여하는 리더십 워크숍도 개발했다. 성공적으로 프로그램을 마치자 이 내용이 신문에 크게 실렸다. 이렇듯 비전이란 개인이 원하는 삶을 꿈꾸게 하고, 그것을 추진하게 만든다. 그리고 그때 사수가 이야기한 '연수원장'은 내 마음속으로 들어와 비전이 되었다. 훗날 박사과정에 도전하게 된 이유이기도 하다.

이처럼 리더가 구성원에게 비전을 제시하면 놀라운 결과를 얻을 수 있다. 조직 전체의 비전과 그것을 이루기 위한 각 부서의 비전 그리고 팀 비전. 이것이 모두 접점을 이루어서 정의(定義)가 이루어져야 한다. 그리고 그것이 개인의 비전을 만들고 혹은 기존의 개인 비전과 연결점을 만들고, 그래서 지금 하고 있는 일에까지 영향을 미쳐야 한다.

밀레니얼은 지금까지 공부만 열심히 하라고 배웠다. 그러나 가장 중요한 것은 내가 무엇이 되고 싶은지, 내가 어떤 삶을 살고 싶은지에 대한 목표의식이다. 이것이 생기면, 나머지는 쉽게 따라온다. 오로라가 보고 싶으면 계획을 세우고, 돈을 아끼고, 관련된 인맥을 만드는 데 적극적으로 행동하고, 정보를 얻기 위해서 최선을 다하는 것과 같은 맥락이다. 오로라가 보고 싶지 않은 사람에게 아이슬란드 여행은 고역일 것이다. 비전에 따라 어떤 사람에게는 꿈을 이루는 설레는 여정이 되고, 어떤 사람에게는 벌칙이 된다.

우리나라의 밀레니얼은 비전 세울 기회를 가져보지 못했다. 성적과 숨 쉴 틈을 주지 않는 평가는 사람을 위축되게 만든다. 이제 그들이 비전을 세우려면 리더가 함께해야 한다. 어린 시절 대통령, 정치인, 아인슈타인과 같은 과학자, 슈바이처와 같은 의사 등을 장래 희망이라고 말하는 것을 두려워하지 않았던 것처럼. 우리의 후배들이 사장이 되고 싶다, 세상을 바꾸는 기술을 만들고 싶다, 사람들이 내가 만든 제품을 구입하기 위해 줄 서게 하고 싶다, 내 아이가 아빠가 이 회사에 다니는 것을 자랑스러워하도록 만들겠다, 하는 비전을 품도록 해주어야 한다. 먼저 리더가 제시해주는 것도 좋다. 나에게 '연수원장'이라는 비전이 있었던 것처럼 말이다. 구성원이 자신의 꿈을 말할 때, 리더는 더 큰 꿈을 제시할 수 있어야 한다. 그리고 구성원의 꿈이 설령 불가능하고 허황되게 느껴지더라도 그것을 응원하라. 꿈은 하루아침에 완성되는 것이 아니고 계속 진화한다. 어느 날 꿈에서 가능한 현실로 그림 그려지는 날이 온다. 그때까지 계속 응원해야 한다.

뜻하지 않은 이유로 오로라를 보러 가지 못할 수도 있다. 하지만 여행은 준비하는 과정이 더 즐거운 법이다. 비전은 이루어지지 않아도 이를 좇는 과정에서 사람들을 생기 넘치게 하고 최선을 다하게 하며 창의적이게 한다. 그러면 예상보다 시간이 더 걸리더라도 결국 이루게 되거나 더 멋진 꿈으로 바꾸어나갈 수가 있다. 이런 과정이 있어야 일의 의미도 생기고 동기도 부여된다.

양적 성장, 매출이나 실적과 같은 숫자는 비전으로써 효과가 별로 없다. 순간의 목표는 될 수 있지만 결국 압박으로 다가온다. 비전은 이루지 못하는 특성을 포함할 때 더 가치가 있다. 아마존은 '고객 만족 극대화'가 비전이다. 고객 만족이란 끝이 없다. 그러나 비전은 일의 방향성을 잡아주어서 일하는 방식에 직접적인 영향을 미치고, 회사의 전략에도 영향을 미친다.

필자는 20년 가까이 아마존을 이용하면서 단 한 번도 실망한 적이 없다. 내가 원하는 것을 그들은 언제나 다 들어주었다. 패스워드를 바꾸라는 요구를 한 번도 한 적이 없고, 마음에 들지 않는 물건은 늘 쉽게 반품이 되었다. 환불을 해줄 테니, 마음에 들지 않더라도 써보라고 한 적도 있다. 그들은 고객 만족을 극대화하기 위해 드론을 개발해 배달 시스템을 선진화한다는 계획을 세웠다. 그들의 비전이 지금의 세계 최고 기업으로 이끌었다. 회사의 큰 비전은 각각의 부서와 팀 그리고 개인에게까지, 나아가야 할 일의 방향과 해야 할 일까지 정의해준다. 그런 조직은 성장할 수밖에 없다. 몰아치는 경제위기 속에서도 미국 기업이 혁신을 통하여 성장하고, 많은 창업자들이 신사업을 만들어낼 수 있었던 이유이기도 하다. 하루하루가 즐거울 일이 거의 없는 저성장기일수록 이런 비전이 더욱 필요하다.

일에서 가치 발견하기

가치(Value)는 무엇을 중요하게 여기는가를 말한다. 이 가치라는 것은 우리가 의사결정을 하고, 갈등을 다루는 데 매우 중요한 역할을 한다.

비전과 가치는 개념이 조금 다르다. 비전은 도덕적인 면을 포함하지 않는다. 예를 들어 히틀러는 엄청난 비전을 제시하여 제2차 세계대전을 일으키고 무고한 유태인을 죽였다. 국민들의 도덕성을 짓밟고 나쁜 비전을 이루도록 부추겼다. 그 비전의 힘은 어마어마했다. 결국 그들은 성공을 거두지 못했지만, 독일인들은 그 잘못의 대가를 두고두고 치러야만 했다. 가치는 도덕적 고뇌를 포함한다. 고매한 가치가 있고 그렇지 않은 가치가 있다. 물질주의가 인본주의에 비해 가치로 치면 뒤처진다. 인간이 궁극적으로 무엇을 추구하며 어떻게 살아야 하느냐에 관한 문제이다. 수많은 인문학자, 철학자, 심리학자, 신학자 등이 인류 역사에 대해 끊임없이 연구해왔지만 아직 무엇이 절대 선인지 알 수 없다. 하지만 인간은 이런 것들에 대해 깊이 있게 고민하고, 개인적 혹은 조직적 신념을 가지고 그것을 추구한다.

카카오커머스가 운영하는 벤처 캐피털 회사에서는 투자처를 정할 때 오로지 '그들의 사업이 세상을 바꿀 것인가'를 따져본다고 한다. 그들은 더 나은 세상을 만드는 기술과 서비스에 가치를 둔다. 미국 사람은 파괴를 통해 새로운 것을 창조하는 것에 가치를 둔다. 그러나 유럽 사람들은 기존의 것을 지키면서 발전시키는 것과 도덕적인 것, 지속가능성 등에 더 큰 가치를 둔다. 쓰레기를 재활용할 때 새로운 물건을 만드는 것보다 돈이 더 많이 든다면 대부분의 국가는 재활용을 하지 않는다. 하지만 유럽 대부분의 국가는 새 제품보다는 기존에 만들어놓은 '쓰레기'를 재활용해 전체 쓰레기양을 줄이는 데 더 많은 예산을 쓴다. 프랑스의 경우

저렴한 비닐봉지 대신 생산 비용이 더 들더라도 종이 봉투를 사용한다. 독일의 한 마트에서는 신선도가 떨어지고 운반 중 손상이 있더라도 플라스틱 포장을 사용하지 않기로 했다.

몇 년 전 독일에서 90세 넘은 전범이 잡혔다는 기사를 보았다. 독일군에서 일했던 그는 전범 재판에 넘겨지고 투옥되었다. 비슷한 시기에 우리나라에서는 문화계의 화이트리스트, 블랙리스트 문건으로 장관이 기소되었다. 그것을 작성하고 실행에 옮긴 공무원들은 '영혼이 없다' 하여 조사조차 받지 않았다. 두 나라의 가치를 보여주는 것이다. 정의인가, 아니면 상사의 명을 따르는 것인가. 무엇이 우리에게 더 중요한 것인가를 생각해볼 수 있는 사건이다.

밀레니얼은 이런 딜레마에 더 민감하다. 그러니 그들과 함께 일하기 위해서는 조직 내에서는 돈과 성취뿐만 아니라 다양한 사회적 가치도 중요하게 다뤄야하며 그들에게 알려야 한다. 그러기 위해서는 개인의 목표와 조직의 목표의 접점을 찾아야 한다. 지금 하는 일이 현재 단계에서는 하찮아 보이더라도 개인 목표

달성에 꼭 필요한 단계임을 알려준다면 일의 가치를 발견하고 이전보다 열정을 가질 수 있을 것이다.

이러한 가치를 정립하고 전파하고, 그것을 실행에 옮기는 것이 리더의 몫이 되었다. 또한 선배로서 밀레니얼에게 가르쳐야 하는 것도 있다. 협력과 함께 일하는 것, 서로를 배려하는 것 그리고 양보하는 것은 인간을 아름답게 하고 인생을 풍요롭게 하는 가치다. 이것이 이전 세대에게는 자연스럽게 녹아 있었다. 버스에서 서 있는 사람의 가방을 받아주고, 길에서 힘들게 일하는 사람을 도와주는 일이 흔했다. 한여름에 우체부에게 시원한 물 한잔을 건네는 여유도 있었다. 이제는 개인주의가 팽배해져서 이런 일은 흔하지 않다. 하지만 최소한 함께 일하는 사람들 사이에서 함께 일하는 가치를 가르칠 필요가 있다. 그렇지 않으면 조직에 있는 이유가 없다. 조직은 각각의 사람들이 보수를 받은 만큼 일해서 결과를 내는 곳이 아니다. 때로는 누군가 조금 더 열심히 할 때도 있고, 그렇지 못할 때도 있다. 서로를 배려하고 기다려주고, 여력이 있는 사람이 좀 더 일할 수 있고, 그것을 스스로 자랑스럽게 여기고, 그에 대한 감사를 나누는 곳이 되어야 한다. X세대가 깍두기를 대하는 정신도 그렇다. 좀 뒤처진다고 배제하는 것이 아니라 함께 도와서 함께 가는 곳이 조직이 되면, 그것이 밀레니얼이 원하는 조직이 된다. 그들은 사랑을 원하지만 아직 나누는 방법을 모른다. 자신을 챙겨달라고 하지만 막상 남을 챙기는 데는 어색하고 인색하다. 그런 것은 X세대가 가르쳐주어야 하지 않을까. 이기적이고 자기밖에 모른다고 탓하지 말고, 차근차근 설명해주고 먼저 배려하는 모습을 보여준다면 가능할 것이다.

동기부여 행동 전략 7

비전과 가치를 함께 정의했든 그렇지 않든 우리는 매일 만나는 밀레니얼의 일상을 다루어야 한다. 그들의 상황을 이해했다면 구체적으로 어떻게 행동을 해야 할까? 밀레니얼이 원하는 것은 돌봄, 관심, 즉 사랑이다. 그들이 익숙하게 받아왔던 관심과 그들이 충분히 누리지 못했던 사람들과의 따뜻한 관계를 제공해야 한다. 특히 윗사람의 관심과 인정이 바탕이 되면 그들은 일터를 더욱 안정적으로 느낀다.

어떤 세대든 아랫세대가 윗세대를 이해하는 것은 어렵다. 그리고 윗세대라도 아랫세대가 무엇을 원하는지, 그래서 자신이 어떻게 해야 하는지 세세히 알기는 어렵다. 모든 것을 알고 이해해야만 행동할 수 있는 것은 아니다. 어떤 것은 이해가 되지 않아도 먼저 행동으로 옮겨볼 것을 권한다. 조직에서 일어나는 세대 간의 이해 부족은 구체적인 행동을 통해서 해법을 찾아볼 수 있을 것이다. 어떻게 동기유발을 하는 것이 효과적인지 7가지 행동 전략을 제시하고자 한다. 이는 인시아드에서 발표된 자료를 지난 10년간 현업에 적용시키며 발전시킨 내용이다. 효과가 좋은 전략을 중심으로 소개한다.

효과 없는 금전적 보상

_____ 첫째, 금전적 보상을 내세우지 말라. 금전적 보상을 하지 말라는 뜻이 아니다. 그것을 전면에 내세우지 말라는 뜻이다. 돈에 대한 의미는 X세대와 밀레니얼 세대 각각에게 다르다. 가난한 아이와 그렇지 않은 아이에게 동전을 그려보라고 하면 가난한 아이가 더 크게 동전을 그린다. 가난한 사람에게

돈의 의미가 더 크다는 뜻이다.

X세대는 베이비부머처럼 보릿고개를 겪지 않았지만, 개발도상국에서 어린 시절을 보냈다. 당시에 우리나라는 모든 것이 부족했다. 쌀이 부족해서 혼식과 분식을 강제했다. 학교에서는 도시락 검사까지 했다. 그러나 Y세대는 1990년대에 어린 시절을 보냈다. 국가가 부유했고 개인도 절대적 빈곤을 벗어난 때였다. 따라서 X세대만큼 돈에 반응하지 않는다. X세대가 생각하는 극단적 가난은 굶어 죽는 것, 집이 없어서 거리에서 생활하는 것이다. 그러나 밀레니얼에게 극단의 가난은 고시원에 살면서 편의점 도시락을 먹는 것이다. 절대적 가난의 기준이 다르다. 아무리 밀레니얼 세대의 키워드가 '빈곤'이라 하더라도, 실제로 그들은 절대적 빈곤을 경험해본 적이 없다. 그러니 위협이 되지 않는다. 회사에서 쫓겨나면 실업수당 받으며 좀 쉬다가 이직하면 그만이다.

그렇다고 앞서 말했듯이 돈이 밀레니얼에게 줄 수 있는 혜택도 크지 않다. 따라서 회사에서 해줄 수 있는 금전적 보상은 이들의 태도에 큰 영향을 미치지 못하며 금전적 보상으로 동기부여를 하는 것은 X세대만큼의 효과를 보기 어렵다.

한 팀장이 그만두고 싶다는 팀원에게 연봉 인상을 제안하자, 팀원은 기분 나쁘다며 바로 그 자리를 박차고 일어나더란다. '그깟 돈 몇 푼으로 나를 어떻게 해보려고 하는 것이냐'는 의미다. 그 이야기를 듣고 내가 물었다. 만약 그 팀원이 나의 자녀라면 어떻게 하라고 조언하겠냐고 말이다. 팀장이 너털웃음을 치며 말했다. "그만두라고 하겠지요."

실제로 밀레니얼은 부모의 허락이나 종용으로 퇴사하는 경우가 많다. 특히 대기업의 경우는 집안 좋고, 잘사는 가정의 자녀들이 많이 다닌다. 학종의 특수성을 보면 이해가 쉽다. 대학에서 쌓은 스펙도 그렇다. 돈 있고 인맥 있는 이들에게 절대 유리한 게 '스펙 쌓기'다. 그러니 회사보다 부모의 의견이 먼저다. 게다가 회사 매출에 영향을 받는 일은 더욱 드물다. 열심히 해서 성과가 좋으면 성과급을 받는다고 알려주면 '열심히 안 하고, 성과급 안 받고 말지'라고 생각한다. 이제 돈으로 마음을 얻는 일은 어려워졌다.

개인 시간

_____ 힘든 프로젝트가 끝났다고 가정해보자. X세대라면 회식을 원할 수도 있다. 회삿돈으로 먹고 마시고 놀고 싶어 한다. 하지만 Y세대는 회삿돈으로 그렇게 노는 것이 달갑지 않다. 그들은 더 좋은 곳에서 더 맛있는 음식을 먹고 자란 세대다. 그리고 노는 문화도 다르다. 한 회사에서 젊은 직원들에게 회식 프로그램을 짜도록 했더니 파스타와 와인을 먹고 뮤지컬 보는 것으로 정했다고 한다. 그 프로그램에 따르자니 상사들이 고생을 한 하루였다.

Y세대는 학창 시절의 대부분을 학원에서 보냈다. 수업을 마치면 친구들과 오락실이나 만화방에 가고, 축구를 하다가 친구네 집에 가서 라면을 끓여 먹다가 저녁 먹을 시간이 되어 집에 돌아가던 세대가 아니다. 그렇다 보니 자유 시간이 너무나도 절실하다. 그들은 어린 시절부터 심심하게 보낸 시간이 별로 없다. 게다가 학교를 마치자마자 학원 순례를 시작하던 이들에게는 또래들과 같이 어울려 오랜 시간 이것저것 해보며

노는 것이 익숙하지 않다. 퇴근을 일찍 해서 딱히 할 일이 없더라도 자신이 주도권을 쥐는 자유 시간을 원하고, 이를 가능하게 하는 적당한 업무량을 원한다. 그렇다고 해서 개인 시간에 뭔가 대단한 일을 하는 것은 아니다. 컴퓨터게임을 하거나 유튜브를 본다. 혹은 소소한 독서 모임에 가거나 문화센터에서 진행하는 '원데이 쿠키 클래스' 같은 것에 참석하기도 한다. 사람들은 보통 젊었을 때 하던 습관을 나중에도 계속하는데, 이들도 PC방에 가거나 일일 학습지 직장인 버전을 푸는 정도가 보통의 여가 생활이다.

즉각적 피드백과 작은 보상

_____ 학생기록부를 바탕으로 대학에 가는 학종이 등장하면서 Y세대는 늘 평가와 함께해왔다. 시험 하나하나, 크고 작은 교내 대회 하나 그리고 숙제 하나하나가 모두 평가의 대상이었고 그들의 대학을 결정짓는 요소가 되었다. 따라서 그들은 늘

자신이 잘하고 있는지 확인받고 싶고 그렇지 못하면 불안해한다. 학종으로 치러지는 대학입시는 소위 '한 방'을 기대할 수 없기에 이들은 늘 즉각적 피드백을 필요로 했다. 모의고사 점수가 어떻게 나올까 궁금하여 학원에서 모의고사를 위한 모의고사를 봐왔다. 끊임없이 자기 점검을 한 것이다.

이들은 직장에서도 피드백과 인정, 칭찬을 해주길 바란다. 그렇다면 얼마나 자주 피드백을 해주어야 할까? 한 외국계 회사에서 강의 중에 질문해보았다. 그들은 하루에 한 번 정도는 피드백을 원한다고 답했다. 이 대답을 들은 X세대는 고개를 절레절레 흔들지도 모르지만 이들은 그만큼 즉각적 피드백을 원하고 있다.

세밀한 피드백은 업무 성과를 높이고, 팀 성과를 내는 데 직접적인 영향을 미치므로 리더가 신경을 쓰면 좋다. 일에 대한 결과 피드백이야 일에 따라 다를 테지만, 리더는 그때그때 피드백을 줄 수가 있다. 그러나 말처럼 쉬운 일이 아니다. 그러므로 리더들이 다음과 같은 말을 습관처럼 자주 반복하길 권한다.

'잘하고 있다, 수고한다, 고생한다, 잘될 거다, 고생

하는 거 알고 있다.'

깊은 의미를 담거나 구체적 조언은 아니더라도 구성원이 하고 있는 일에 대해 리더가 인식하고 있음을 나타내주는 것이 필요하다. 피드백을 필요로 하는 것이 불안을 달래고, 개인의 존재를 인정받기 위함이기 때문이다. 구체적인 피드백은 필요할 때 해주면 된다. '내가 이런 것까지 이야기해야 하나' 싶을 정도로 친절한 설명이 필요하다. 그렇다고 늘 그래야 하는 것은 아니다. 처음 몇 번을 섬세하게 해주면 좋다. 불안이 어느 정도 다스려지고 자신감이 붙으면, 더 이상 그런 피드백을 원하지 않게 된다. 사람들은 자신감이 붙으면 자기 혼자의 힘으로 해내고 싶은 동기가 생기기 때문이다.

그리고 구성원이 잘했을 때는 즉각적으로 작은 보상을 해주는 것이 좋다. 커피를 한 잔 건넨다거나 모바일 쿠폰을 보내주는 것도 좋다. 이것이 연말 평가에서 고과를 잘 주겠다고 약속하거나 승진할 때 챙겨주겠다는 것보다 더 효과적이다. 연말에 나눠 받는 인센티브보다 지금 당장 들어온 모바일 쿠폰이 더 효과적일 수 있다는 뜻이다. 그들은 대학 시절 선배가 밥을 사주던 세대가 아니다. 따라서 커피 한 잔만 사주더라도 매우 고마워한다. 법인카드로 사줘도 될까? 아니다. Y세대는 법인카드는 '우리 돈'인데 상사가 생색낸다고 생각한다. 개인 비용을 지불해야 한다. 세상에 공짜는 없다. 또한 X세대가 모바일 쿠폰은 그저 커피 마실 때 쓰는 것이라고 생각하는 반면, Y세대는 쿠폰이 생기면 그것을 쓰러 카페에 가서 시간을 보낸다. 그들에게 모바일 쿠폰은 커피 한 잔이 아니라 관심의 표현이며 하나의 이벤트를 선물하는 셈이다. 그리고 이 쿠폰을 보낼 때는 반드시 받는 사람의 상황에 맞는 메시지를 같이 보내야 한다. 누구라도 쿠폰만 받는 것보다 메시지와 함께 받는 것을 더 좋아할 것이다.

─오늘 날이 더운데 외근하느라 수고했어요.

─다른 사람들이 귀찮아하는 일인데 기꺼이 맡아줘서 고맙다.

─요즘 고생이 많은데 카페인 충전하고, 파이팅!

이처럼 각 개인에게 관심을 가지고 그에게만 보내는 특별한 관심과 선물임이 드러나도록 한다. 이 방법은 예상보다 현장에서 반응이 매우 좋았다. 여러 가지 예상치 못한 일이 일어날 수 있지만 X세대 리더들도 손쉽게 해볼 수 있을 뿐더러, 이를 통해 이야기를 시작할 수가 있다. 오늘 힘든 프로젝트를 마무리했다면, 일찌감치 퇴근을 허락해주고 아이스크림케이크 모바일 쿠폰 하나씩 보내주면 어떨까.

의미 있는 사람

_____ 우리나라에서 1980년 이후에 태어난 사람의 절반 이상이 외동으로 자랐다. 이들은 늘 관심과 보살핌의 대상이 되었다. X세대는 어린 시절 여러 형제 중 한 명으로 자랐고, 집에서 부모님의 심부름을 하거나 집안일을 거들었으며 어른을 공경하라고 배웠다. 한 반에 학생 수는 50~60명에서 많게는 70명씩 되었고, 선생님은 학생들에게 큰 관심이 없었다. X세대가 다녔던 학원은 수십 명에서 백여 명의 학생들이 수강하는 단과반으로, 강사는 누구에게도 관심이 없었다.

그러나 Y세대는 한 학급이 40명 안팎으로 구성되고, 선생님은 학생들에게 더 많은 관심을 보인다. 학원도 소규모라 학생들은 학원 원장에서 선생님에 이르기까지 모두의 관심을 받고, 학습 상태에 대한 피드백은 바로바로 부모에게 전달된다. 그리고 자라면서 그들은 '공부만 열심히 해'라는 말을 들으며 모든 허드렛일에서 열외가 된다. 청소는 용역업체가 하고, 예외적으로 노동력이 필요하면 부모가 동원되었다. 따라서 그들은 중요한 일, 의미 있는 일이 아닌 소위 '잡일'은 자신의 일이 아니라고 인식한다. 그들이 가족과 외식을 할 때면 여전히 부모가 고기를 구워줄 것이다. 그러니 직장에서 자신의 처지가 열악하다고 느낄 것이 뻔하다.

그들은 의미 있는 사람으로 자랐고, 계속 그러길 원한다. 따라서 그가 하는 일이 허드렛일이 아니라 조직에서 중요한 일임을 친절하게 설명하고 가르칠 필요가 있다. 그리하여 그가 조직에서 반드시 필요한 사람이며 조직의 성장에 기여하고, 그를 통해 본인도 조직에서 자리를 잡고 성장할 수 있음을 설명해주어야 한다. 함께 비전과 가치를 정의하고 그것을 계속적으로 지원

해주어야 한다. Y세대는 중고등학교 시절 봉사활동을 학교에서 조직적으로 해온 세대이기 때문에 양보와 봉사의 미덕을 알고 있다. 설사 허드렛일이라도 강압적이지 않고, 누군가 해야 할 일이라는 것을 알 수 있도록 친절한 설명과 가르침을 준다면 그들은 수용할 것이다.

명확한 프로세스

_____ 대입을 위해 학종을 준비한 세대는 평가에 대해 상상 이상으로 민감하다. 그들에게 평가의 공정성은 생명과 같다. 선생님이 어떻게 평가하든 자신만 열심히 하면 되던 X세대와 다르다. 경쟁자가 한 반에, 한 학교에, 눈에 보이는 곳에 있어서 끊임없이 비교당하고 그 비교의 결과가 인생을 결정짓는다고 세뇌당했다.

2016년 드러난 국정농단과 이어진 대통령 탄핵 그리고 정권 교체. 이 거대한 역사적 사건의 발단이 무엇인지 기억하는가. 최순실의 딸 정유라의 이화여대 특혜가 그 시작이었다. 체육 특기생이 수업을 제대로 이수하지 않았는데 좋은 학점을 받았다고 학생들이 들고 일어난 것이다. 학력과 교육 문제에 민감한 청년층과 학부모들의 공분을 일으키기 충분한 소재였다.

X세대가 대학에 다닐 때도 체육 특기생은 있었다. 그들은 자신의 학점조차 관심이 없었는데, 하물며 체육 특기생의 학점까지 감독하는 일은 없었다. 그러나 밀레니얼은 평가의 프로세스, 공정성에 대한 잣대 자체가 너무나 다르다. 그들에게 주먹구구식의 평가나 좋은 게 좋은 거라는 논리는 절대로 통하지 않는다. 이에 외국에서는 평가 자체를 없애는 일이 많아지고 있다. 어떻게 해도 공정하기 힘든 문제이고, 리더들이 평가에 너무 많은 에너지를 빼앗기고 있기 때문이다. 어설픈 평가라면 없애든가 하려면 제대로 해야 한다.

밀레니얼은 더 높은 인권 의식과 더불어 주권 의식을 가지고 있다. 작은 평가에도 공정성을 기하고 있음을 투명하게 보여주지 않으면 불만을 갖는다. 그러나 평가의 기준에 대해서는 불만을 보이지 않는다. 즉, 평가 지표 그 자체보다는 프로세스의 공정성을 더 중요하게 생각하고, 본인들이 수긍하면 수용하는 편이다. 어떤 기준이든 본인이 손해만 보지 않으면 된다고 생각한다.

이렇게 평가에 민감하면서도 이들은 X세대보다 평가를 더 선호한다. 평가를 받는다는 것은 참 불편한 일이다. 하지만 그들은 그것에 익숙해져 있다. 오히려 평가를 하지 않거나 다 같이 좋은 학점을 주겠다고 하면 불만을 갖는다. 평가를 통해서 내가 저 사람보다 경쟁 우위에 있음을 확인하고 싶은 것이다. 이 점은 X세대 리더에게 가장 어려운 부분이 될 것이다. 그러나 관계에서 신뢰가 있으면 밀레니얼도 리더에게 평가의 공정성에 대해서 그렇게 강하게 요구하지 않는다. 프로세스를 공정성을 높이는 노력보다 서로 도와 더 큰 대의를 이루고, 서로 도와 상생하는 법을 가르치고, 그런 조직 분위기를 만드는 것이 더 유리하다.

교육의 기회

_____ 밀레니얼은 가정이나 학교에서 사회성을 키울 일이 적었다. 어린 시절부터 동네 형이나 동생들과 하루 종일 놀러 다니면서 배우는 조직생활을 익힐 기회가 적었다. 밀레니얼은 어린 시절 엄마를 중심으로 한 친구 그룹의 아이들과 사귀었고, 친구 관계에 부모가 깊숙이 관여했다. 무리와 어울리고 그곳에서 다른 아이들이 함께 놀 만한 매력이나 장점을 개발하거나 타협하는 등의 사회적 기술을 따로 발달시킬 기회가 적었다. 따라서 직장에서 사회성을 배울 필요가 있다. 그들은 끊임없이 소통을 요구하지만, 그들도 소통에 서툴다. 이런 것까지 가르쳐야 하나 싶은 것까지 알려줘야 한다.

다행히 요즘은 회사 외부에 다양한 교육기관이 있고, 유튜브 등 교육 매체가 많이 발달하였다. 어릴 때부터 사교육을 받아온 그들은 계속 사교육을 받아야 안정감을 느낀다. 주52시간제가 X세대를 당구장이나 술집으로 보내고 있다면, Y세대는 학원으로 보내고 있다. 사람들은 익숙한 것을 계속하게 마련이다. 동호회를 만들어서 와인 모임을 하고, 바이크 모임을 하는 것은 X세대다. 무리 지어 놀던 버릇이 계속되는 것이다. 그러나 Y세대에게 유행하는 소셜 모임은 스터디 모임이나 북클럽이다. 모여서 공부를 하고 책을 읽는다. 그들은 개인의 성장과 경쟁력에 대한 욕구가 강한 편이니 사내외 교육을 확대하면 좋다.

끊임없는 소통

_____ 그들은 어릴 때부터 보살핌을 받아오던 세대다. 따라서 윗사람이 자신에게 관심을 보이는 것을 너무나도 당연시한다. 이들은 여성들 틈바구니에서 자랐다. 그렇다 보니 표현이 없는 남성 어른들의 문화가 익숙하지가 않다. 따라서 '모두가 자신은 편애받고 있다고 느끼게' 해야 한다. 야단도 따로 불러서 치고, 칭찬도 은밀하게 해주어야 한다. 사람들 보는 데서 칭찬해서 다른 이들을 당황하게 혹은 불안하게 할 필요는

없다. 그래서 그들이 '우리 팀장님은 나를 잘 보고 계신다'는 생각이 들도록 챙겨야 한다. 그리고 끊임없이 소통을 해야 한다. 면담으로, 피드백으로, 눈빛으로, 메신저로, 이름을 불러주면서 그리고 또 모바일 쿠폰으로. 가능한 한 리더들은 잡담을 많이 하고, 일에 관한 이야기는 짧게 하는 것이 좋다. 결국 사랑을 느낄 수 있게 해주라는 뜻이다.

위의 7가지 가운데 형편에 맞게 시작하면 좋다. 그런데 이런 이야기를 하면 보통 X세대 리더들은 매우 당황스러워한다. 그리고 묻는다. 꼭 그렇게까지 해야 하느냐고 말이다. 그리고 정말 Y세대가 앞에서 언급한 것을 원하느냐고 되묻는다. 필자가 대학원 강의를 비롯해 여러 강연장에서 만난 Y세대에게 강연 내용에 대해 공감하냐고 물으면 그들은 열렬히 동의한다. 그들이 상사에게 원하는 것은 섬세한 소통이라고 한다. 밀레니얼은 칭찬받는 일에 익숙해져 있고, 많이 받고 싶어 한다. 작은 일이라도 자주 칭찬과 격려를 받고 싶어 한다.

팀장 리더십 그룹 코칭을 하는데, 업무를 지원하던 30대 직원이 지금까지의 강의 내용을 낯설어하는 40~50대 팀장들의 반응에 자신은 너무 놀랐다고 말했다. 강연 내내 너무나 당연한 이야기를 하는데, 그것을 처음 생각해본다는 그들의 반응이 놀랍다는 것이다. 계속 이야기하지만, 다르기 때문에 이해하기 어렵다. 하지만 이제 모든 것을 이해하면서 적응할 수 있는 단계는 넘어섰다. 수적으로 우세하며, 이제 리더급에도 Y세대가 등장하였다. 변해야만 하는 시점이 되었다.

그리고 이제 밀레니얼 세대를 지나, 1996년 이후에 태어난 Z세대가 사회에 진출하고 있다. 그들은 Y세대와 또 다르다. 벌써 우려가 현실로 다가온다. 2021학번부터는 학령인구가 대학의 정원보다 적다. 경쟁도 훨씬 덜하고, 대학 커트라인도 급격히 낮아질 것이다. 그리고 70~80%가 외동이다. 즉, X세대의 자녀들이 회사에 월급 받고 일하겠다고 들어온다. 그들은 베이비부머보다 자유롭고 허용적이며 경제적인 여유가 많은 X세대 부모가 키운 아이들이다. 어릴 때부터 해외여행을 다니고, 100만 원짜리 휴대폰을 쓰고, 50만 원이 넘는 패

딩코트를 입던 세대다.

흐르는 물이 거꾸로 방향을 바꾸지 않듯이, 조직 또한 거꾸로 가는 일은 없다. 바뀌지 않으면 젊은 인력을 계속 유지할 수가 없다. 이제 기업 경쟁력의 중요한 축은 젊은 인재를 얼마나 유치하느냐에 달렸다. Y세대와의 공생이 효율성보다 더 중요한 문제가 되었다. 선택의 문제가 아니다.

이미 다가온 밀레니얼과 함께 일하기

X세대를 대상으로 한 강의나 코칭 현장에서 그들과 Y세대를 비교하여 설명한 다음 질문을 던진다.

"Y세대들 어떤 것 같아요?"

그러면 가장 많은 반응은 이것이다.

"딱하네요."

X세대에 비해 신체적 조건이 훨씬 좋고, 객관적 능력도 두루 갖춘 이들이 주어진 환경에 적응하며 힘든 시간을 보낸다고 생각하면 딱한 마음이 들기 마련인가 보다. 그러면서 밀레니얼이 왜 그토록 날이 서 있는 것처럼 보이는지 이제 이해할 수 있겠다고 말한다. 이전에는 그들을 어떻게 대해야 할지 몰라서 겁이 났는데 앞으로

는 함께 웃으며 일할 수 있겠다는 생각이 든다고 말이다.

모든 성공에는 이유가 있다. 그 이유에는 자신의 노력이 바탕이 되겠지만, 그것이 전부는 아니다. 베이비부머 세대에게는 시대적 운도 있었다. X세대는 비옥한 토양에 날씨마저 좋은 시기에 농사를 지은 셈이니 계속 풍년이 들었다. 심기만 하면 열매가 열리다 보니 일하면서도 신났다. 기운 좋을 때 농사를 많이 지어서 곡간을 가득 채웠던 사람들이다. 그러다 보니 인심이 좋아서 어려운 이웃이 있으면 돕기도 잘한다.

반면에 밀레니얼이 딛고 서 있는 땅은 양분이 다 빠지고, 매해 병충해에 대홍수, 극심한 가뭄이 반복되었다. 아무리 열심히 해도 거두어들이는 것이 별로 없다. 그러니 일하는 재미도 없다. 그리고 다 같이 가난해서 누가 누구를 도와줄 수 있는 처지가 아니다. 저성장, 저물가, 저금리 시대를 통과하고 자신의 부모처럼 살기는 싫은데 그만큼 되기도 쉽지 않은 세대다.

시기에 따라 나의 의지와 상관없이 환경의 혜택을 받기도 하고, 그 반대의 경우가 되기도 한다. 그런 차원에서 X세대가 Y세대를 바라봐주기를 바란다. 간혹 X세대 가운데 '윗세대는 윗세대라서 모시고 아랫세대는 아랫세대라고 모시면, 우리 X세대는 누가 위로해주냐'며 항변하는 분들이 있다. 안타깝게도 X세대를 위로해줄 세대나 사람은 없다. 하지만 X세대는 X세대끼리 돕고 의지하며 잘 산다. 윗세대를 '모셨'지만 여럿이 나누어 모셨다. 밀레니얼 이후 세대는 거의 1:1꼴로 윗사람을 모시고 살아야 한다. X세대는 윗사람들의 돌봄이 적고, 가장 인구가 많아 같은 세대 간에 경쟁이 심했다. 그러나 그 경쟁자들은 동시대인으로 협력하며 세를 형성하기도 한다.

X세대는 죽을 때까지 대세에서 소외받을 일이 없을 것이다. 정치적으로 선거권을 가장 많이 가진 세대이기도 하다. 전 세대를 통틀어 대한민국에서 경제적·문화적 세례를 가장 크게 받았다고 해도 과언이 아니다. 이전 세대는 더 비약적인 경제 성장을 이루었지만, 대부분은 배움의 기회가 적었고 가난했다. 그리고 벌어도 워낙 어린 시절부터 가난하다 보니 근검절약이 몸에 배어 풍요롭게 소비해본 적이 없다.

어떤 이들은 밀레니얼이 상사인 X세대에 맞춰주면 좋겠다고 말하기도 한다. X세대가 현재의 비즈니스에 최적화된 상태인 것은 맞다. 하지만 이제 고성장이 필요한 시대가 아니다. 먹고사는 문제는 해결이 되었다. 더 이상 대한민국은 식량 등의 물자가 부족하지 않다. 덜 벌더라도 인간답게 누리며 사는 시대적 문제에 봉착했다. 그런 면에서 X세대, X세대형 인간은 그 필요 수명을 다했는지 모른다. 무엇보다 밀레니얼을 X세대처럼 바꾸는 일은 불가능하다.

성숙한 어른은 어느 시점부터 다음 세대를 길러내는 데에 관심을 갖게 된다. X세대가 그 지점에 와 있다. 40, 50대는 좋은 어른이고 싶고, 다음 세대에게 더 좋은 세상을 물려주고 싶을 것이다. 또한 우리 아이들이 이전에 겪었던 불편을 다시 겪지 않았으면 좋겠다고 생각할 것이다. 궁극적으로 어떤 불편이 가장 큰지 알고 있다. 필자 역시 리더십 공부를 오랫동안 해왔지만, 실제로 다음 세대를 이해하고, 배운 것을 인생에 적용하면서 산 지 얼마 되지 않았다.

우리는 모두 완벽하지 않다. 누가 더 잘나고 누가 더

부족하고 따질 필요 없이, 모두 다 완벽하다면 완벽하고 모두 다 부족하다면 부족한 인간들이다. 부족한 사람들끼리 좀 서로 '봐주면서' 살았으면 좋겠다. 서로를 평가하고 서로 바꾸려 하지 말고, 내가 부족한 만큼 상대의 부족한 면을 봐주면, 상대도 나중에 그런 일이 있을 때 누군가를 포용하지 않을까. 서로 날을 세우고 깎아내리고 고치려고 하지 말고, 포용하면서 서로 성장을 응원하면서 살면 좋겠다. X세대 역시 언젠가는 아랫세대에 의존해야 하는 날이 반드시 온다. 그때 X세대가 아랫세대에게 미움받는 사람들이 아니라 존경받는 어른으로 비쳐지면 좋겠다.

필자 역시 X세대로서, 동시대인들이 멋있는 어른으로 성숙해가기를 바란다. 포용할 줄 알고, 자신이 가진 노하우를 다음 세대들의 눈높이에 맞추어 전달할 수 있는 여유를 갖기를 바란다. 그리고 균형 잡힌 세련된 어른이 되어가길 바란다. 세계경제의 빅뱅을 이끌었던 X세대가 이제는 또 다른 차원의 견인차가 될 수 있으리라 확신한다. 이 책을 뜨거운 청춘에서 성숙한 어른으로 성장하고자 하는 모든 X세대에게 바친다.

90년생이 사무실에 들어오셨습니다

© 김현정, 2020

초판 1쇄 발행일 2020년 8월 24일
초판 4쇄 발행일 2022년 6월 15일

지은이   김현정
펴낸이   정은영
편집   최성휘 정사라
마케팅   최금순 오세미 김현아 오경미
제작   홍동근

펴낸곳   (주)자음과모음
출판등록 2001년 11월 28일 제2001-000259호
주소   10881 경기도 파주시 회동길 325-20
전화   편집부 02) 324-2347 경영지원부 02) 325-6047
팩스   편집부 02) 324-2348 경영지원부 02) 2648-1311
E-mail   jamoteen@jamobook.com

ISBN   978-89-544-4473-6(03320)